MANFRED ZULEEG

Die Rechtsform der Subventionen

NEUE KÖLNER RECHTSWISSENSCHAFTLICHE ABHANDLUNGEN

HERAUSGEGEBEN VON
DER RECHTSWISSENSCHAFTLICHEN FAKULTÄT
DER UNIVERSITÄT ZU KÖLN

HEFT 36

Berlin 1965

WALTER DE GRUYTER & CO.
vormals G. J. Göschen'sche Verlagshandlung · J. Guttentag, Verlagsbuchhandlung
Georg Reimer · Karl J. Trübner · Veit & Comp.

Die Rechtsform der Subventionen

von

Dr. Manfred Zuleeg

Wiss. Assistent
am Institut für das Recht der Europäischen Gemeinschaften
der Universität Köln

Berlin 1965

WALTER DE GRUYTER & CO.

vormals G. J. Göschen'sche Verlagshandlung · J. Guttentag, Verlagsbuchhandlung
Georg Reimer · Karl J. Trübner · Veit & Comp.

Archiv-Nr. 27 08 652
Satz und Druck: Saladruck, Berlin 65

GELEITWORT

Subventionen sind ein wichtiges Mittel des Staates, um den Wirtschaftsablauf zu beeinflussen: Sie stellen den Empfänger besser und benachteiligen zugleich dessen Konkurrenten; sie beeinflussen die Lage von Zulieferern und Abnehmern; der Empfänger wird zudem oft durch mit der Subventionsgewährung verbundene Auflagen zu einem bestimmten Verhalten veranlaßt.

Ungeachtet ihrer wachsenden wirtschaftlichen Bedeutung ist die rechtliche Beurteilung der Subventionen noch umstritten. Die vorliegende Schrift stellt einen Beitrag zur Lösung der Rechtsfragen dar, der nicht nur im deutschen Rechtskreis, auf den sich die Untersuchung beschränkt, sondern auch im Recht der Europäischen Gemeinschaften Beachtung verdient.

Börner,
o. ö. Professor, Köln

VORBEMERKUNG

Herrn Prof. Dr. *Hans Peter Ipsen* kommt das Verdienst zu, die Diskussion über die Rechtsform der Subventionen in Deutschland ausgelöst zu haben. In einem Rechtsgutachten über das Verfahren und den Rechtsschutz bei Gewährung und Verweigerung von Ausfallbürgschaften des Bundes für Filmproduktionskredite aus dem Jahre 1951 entwickelte er gegenüber der bis dahin einhellig für den deutschen Rechtsbereich für richtig gehaltenen privatrechtlichen Betrachtungsweise erstmals eine aus öffentlichem und privatem Recht gemischte Rechtsform, deren Besonderheit darin bestand, daß sie in zwei Stufen, einen Verwaltungsakt und ein sich daran anschließendes bürgerlich-rechtliches „Erfüllungsgeschäft", gegliedert war. Deswegen wurde *Ipsens* Theorie auch kurz als Zweistufenlehre bezeichnet. In seiner Monographie „Öffentliche Subventionierung Privater" aus dem Jahr 1956 baute sie *Ipsen* weiter aus. Erst daraufhin begann die intensive Erörterung der Frage nach der Rechtsform der Subventionen. Auch die Rechtsprechung mußte sich damit auseinandersetzen.

Meine Erlanger Dissertation aus dem Jahre 1959 über das Thema „Bürgerlich-rechtliche Schuldverhältnisse zwischen Hoheitsträger und Staatsbürger auf Grund Verwaltungsakts?", befaßte sich insbesondere mit der Zweistufenlehre. Meinem Doktorvater, Herrn Prof. Dr. *Hans Spanner*, möchte ich an dieser Stelle nochmals herzlich für die freundliche Förderung bei der Anfertigung der Arbeit danken. Ich versuchte darin, die Zweistufenlehre zu einer öffentlich-rechtlichen Betrachtungsweise umzugestalten und nach Schweizer Vorbild das Rechtsverhältnis zwischen subventionierendem Hoheitsträger und Subventionsempfänger ganz auf den Boden des öffentlichen Rechtes zu stellen. Diese Auffassung hat mittlerweile eine Reihe von Anhängern gewonnen.

Die vorliegende Untersuchung soll dem Zwecke dienen, die öffentlichrechtliche Theorie zu untermauern und damit einen Beitrag zur endgültigen Lösung der Frage nach der Rechtsform der Subventionen zu leisten. Als Grundlage verwendete ich die Teile meiner Dissertation, deren Gegenstand die Subventionen bilden. Von einer Überarbeitung der gesamten Dissertation sah ich ab, da die außerdem behandelte Frage nach der Rechtsform der sog. „Übernahmeverträge“ der Einfuhr- und Vorratsstellen durch die EWG-Regelung an Aktualität verloren hat.

Der Hohen Rechtswissenschaftlichen Fakultät der Universität zu Köln danke ich für die Aufnahme der Schrift in die Reihe „Neue Kölner Rechtswissenschaftliche Abhandlungen“.

Die Arbeit wurde im Jahre 1963 abgeschlossen. Aus dem Jahre 1964 konnten nur noch einige Entscheidungen in Fußnoten berücksichtigt werden.

Oktober 1964 Manfred Zuleeg

INHALTSVERZEICHNIS

KAPITEL VI

KAPITEL VII

KAPITEL VIII

KAPITEL IX

LITERATURVERZEICHNIS

Apelt, Willibald	Der verwaltungsrechtliche Vertrag (Ein Beitrag zur Lehre von der rechtswirksamen Handlung im öffentlichen Recht), Leipzig 1920.
Arendt (ohne Angabe des Vornamens)	Erläuterungen zum Getreidegesetz, in der Loseblattsammlung „Das Deutsche Bundesrecht" Abteilung Landwirtschaft und Ernährung IV G 30, S. 11 ff. Erscheinungsort: Frankfurt/Main.
Aubert, Joachim	Fernmelderecht, 2. Aufl., Hamburg/Berlin 1962.
Bachof, Otto	Begriff und Wesen des sozialen Rechtsstaats, VVDStRL 12 (1954) S. 37 ff.
Bachof, Otto	Der Rechtsschutz im öffentlichen Recht: Gelöste und ungelöste Probleme, DÖV 1953, 417.
Bachof, Otto	Die verwaltungsgerichtliche Klage auf Vornahme einer Amtshandlung, Tübingen 1954. Zitiert: Verwaltungsgerichtliche Klage.
Bachof, Otto	Diskussionsbeitrag im Rahmen des 30. Staatswissenschaftlichen Fortbildungskursus der Hochschule für Verwaltungswissenschaften Speyer: „Wandlungen der rechtsstaatlichen Verwaltung", veröffentlicht in Bd. 13 der Schriftenreihe der Hochschule Speyer, Berlin 1962, S. 201 f. Zitiert: Diskussionsbeitrag.
Bachof, Otto	Entscheidungsbesprechung, JZ 1951, 119.
Bachof, Otto	Teilrechtsfähige Verbände des öffentlichen Rechts, ArchöffR, Bd. 44 n. F. (1958), S. 208 ff
Bachof, Otto	Verfassungsrecht, Verwaltungsrecht, Verfahrensrecht in der Rechtsprechung des Bundesverwaltungsgerichts, Tübingen 1963. Zitiert: Rechtsprechung.

Bartholomeyczik, Horst	Elektrizitäts-, Gas- und Wasserwirtschaft, Heft 11 der Reihe „Der Wirtschafts-Kommentator", Frankfurt/Main 1950.
Baur, Fritz	Neue Verbindungslinien zwischen Privatrecht und öffentlichem Recht, JZ 1963, 41 ff.
Bellstedt, Christoph	Bedürfen Subventionen gesetzlicher Grundlage?, DÖV 1961, 161 ff.
Bender, Bernd	Der Rechtsweg bei Klagen gegen Auftragssperren der öffentlichen Hand — BGHZ 14, 222 und BVerwGE 5, 325, JuS 1962, 178 ff.
Bender, Bernd	Zur Methode der Rechtsfindung bei der Auslegung und Fortbildung gesetzten Rechts, JZ 1957, 593.
Bettermann, Karl August	Entscheidungsbesprechung, DVBl 1958, 867.
Bitter, Georg	Buchbesprechung, DVBl 1960, 334.
Bitter, Georg	Die Koppelung verschiedener Verwaltungszwecke und -Aufgaben, Diss. Erlangen 1955. Zitiert: Diss.
Böhmer, Gustav	Grundlagen der bürgerlichen Rechtsordnung, 1. Buch: Das bürgerliche Recht als Teilgebiet der Gesamtrechtsordnung, Tübingen 1950.
Bötticher, Eduard	Justiz und Verwaltungsgerichtsbarkeit (Korreferat auf der Weinheimer Tagung der deutschen Zivilprozeßrechtslehrer 1951), ZZP 1952, 44.
Bühler, Ottmar	Kommentierung zum Grundgesetz, Bonner Kommentar (Loseblattausgabe), herausgegeben von Bodo Dennewitz u. a., Erscheinungsort: Hamburg.
Bullinger, Martin	Vertrag und Verwaltungsakt, Zu den Handlungsformen und Handlungsprinzipien der öffentlichen Verwaltung nach deutschem und englischem Recht, Stuttgart 1962.
Bund als Finanzier	s. unter D.
Burckhardt, Walther	Einführung in die Rechtswissenschaft, Zürich 1939. Zitiert: Einführung.
Burckhardt, Walther	Methode und System des Rechts, Zürich 1936. Zitiert: Methode und System.
Bürckner, Hermann	Der privatrechtsgestaltende Staatsakt, Leipzig 1930.

Clasen, Heinrich	Das mit Zivil- und Verwaltungsrecht gemischte Rechtsverhältnis, DÖV 1959, 281 ff.
Czermak, Fritz	Gesetzmäßigkeit der Subventionsgewährung, NJW 1961, 1760.
Der Bund als Finanzier	Kredite, Leistungen und Bürgschaften des ERP-Sondervermögens, herausgegeben von Walter Schlauwitz, Bad Godesberg 1963. Zitiert: Bund als Finanzier.
Der Große Brockhaus	Konversationslexikon, 16. Aufl., 11. Bd., Wiesbaden 1957.
Dickmann, Herbert	Die Beseitigung behördlicher Bewilligungen durch Aufhebung oder Widerruf, DÖV 1957, 278.
Dickmann, Herbert	Die Beseitigung fehlerhafter Darlehensbewilligungen nach dem Lastenausgleichsrecht, ZLA 1956, 1 ff.
Dölle, Hans	Vom Stil der Rechtssprache, Tübingen 1949.
Dönhoff, Günther	Übernahmeverträge bei Getreideeinfuhren, Beilage „Der Schiedsspruch" zur Zeitschrift „Der Ernährungsdienst", Nr. 7 vom 19. 9. 1953. Zitiert: Beilage zum „Ernährungsdienst".
Dürig, Günter	Das Eigentum als Menschenrecht, ZGesStW 109 (1953) S. 341.
Dürig, Günter	Grundrechte und Zivilrechtsprechung, F. S. für Hans Nawiasky „Vom Bonner Grundgesetz zur gesamtdeutschen Verfassung", München 1956. Zitiert: Grundrechte.
Dürig, Günter	Verfassung und Verwaltung im Wohlfahrtsstaat, JZ 1953, 193.
Ehlers, E. B.	Das Verwaltungsstreitverfahren wegen Gewährung von Aufbaudarlehen, NJW 1956, 1379.
Ehmke, Horst	„Ermessen" und „unbestimmter Rechtsbegriff" im Verwaltungsrecht, Tübingen 1960.
Ehrenfort, Werner	Kommentar zum Zweiten Wohnungsbaugesetz, Köln/Berlin/Bonn 1958.
Ehrig, H. G.,	Die Krise der Verwaltungsgerichtsbarkeit, NJW 1959, 217.

Eiserer — Riederer	Energiewirtschaftsrecht, begründet von Ernst Eiserer, 2. Aufl. bearbeitet von Johann Riederer, München/Berlin 1954.
Engisch, Karl	Die Relativität der Rechtsbegriffe, Deutsche Landesreferate zum V. Internationalen Kongreß für Rechtsvergleichung in Brüssel, herausgegeben von Murad Ferid, Berlin (ohne Angabe des Erscheinungsjahres).
Enneccerus-Lehmann	Recht der Schuldverhältnisse, begründet von Ludwig Enneccerus, 15. Bearbeitung von Heinrich Lehmann, Tübingen 1958.
Enneccerus-Nipperdey	Allgemeiner Teil des bürgerlichen Rechts, 1. Hbbd., begründet von Ludwig Enneccerus, 15. Aufl., bearbeitet von Hans Carl Nipperdey, Tübingen 1959.
Erler, Georg	Grundprobleme des internationalen Wirtschaftsrechts, Göttingen 1956. Zitiert: Int. Wirtschaftsrecht.
Erler, Georg	Internationale Finanz- und Wirtschaftshilfe als politisches und völkerrechtliches Problem, F. S. für Herbert Kraus „Mensch und Staat in Recht und Geschichte", Kitzingen 1954, S. 31 ff. Zitiert: Int. Finanzhilfe.
Evers, Hans-Ulrich	Verfassungsrechtliche Bindungen fiskalischer Regierungs- und Verwaltungstätigkeit, NJW 1960, 2073.
Eyermann-Fröhler	Kommentar zur Verwaltungsgerichtsordnung von Erich Eyermann und Ludwig Fröhler, 3. Aufl., München und Berlin 1962.
Fachinger, Josef	Überschreitung und Fehlgebrauch des Verwaltungsermessens, NJW 1949, 244.
Fauser — Käss (ohne Angabe von Vornamen)	Erläuterungen zum Lastenausgleichsgesetz in der Loseblattsammlung „Das Deutsche Bundesrecht", Abteilung Finanzwesen — Lastenausgleich VII C 10 S. 147 ff. Erscheinungsort: Frankfurt/Main.
Fischer, Jörg	Subventionen als Rechtsbegriff, BB 1962, 1185 (Stellungnahme mit Erwiderung von Hilarius Welter).
Fischer, Werner	Der Verzicht auf vermögensrechtliche Ansprüche im Verwaltungsrecht, Leipzig 1930.
Fischer — Dieskau — Pergande — Schwender	Kommentar zum Zweiten Wohnungsbaugesetz, bearbeitet von Joachim Fischer-Dieskau, Hans-Günter Pergande und Heinz Werner Schwender, Köln-Braunsfeld 1956.

Fleiner, Fritz	Institutionen des Deutschen Verwaltungsrechts, 8. Aufl., Tübingen 1928.
Flessa, Richard	Das Wesen der Staatsbürgschaft, NJW 1954, 538.
Flessa, Richard	Entscheidungsbesprechung, DÖV 1959, 106.
Flessa, Richard	Entscheidungsbesprechung, DVBl 1960, 137.
Flessa, Richard	Entscheidungsbesprechung, NJW 1959, 403.
Flessa, Richard	Rechtsschutz gegen Weisungen zu privatrechtlichem Verhalten untergeordneter Behörden, NJW 1958, 1276.
Flessa, Richard	Schuldverhältnisse auf Grund Verwaltungsakts, DVBl 1957, 81 und 118.
Flessa, Richard	Staatsbürgschaften Bayerns und des Bundes, BayVBl 1960, 81.
Forsthoff, Ernst	Der Staat als Auftraggeber, Stuttgart 1963. Zitiert: Auftraggeber.
Forsthoff, Ernst	Die Verkehrssicherungspflicht in Ansehung öffentlicher Sachen im Gemeingebrauch, DVBl 1952, 164.
Forsthoff, Ernst	Die Verwaltung als Leistungsträger, Stuttgart/Berlin 1938.
Forsthoff, Ernst	Lehrbuch des Verwaltungsrechts, 1. Bd.: Allgemeiner Teil, 8. Aufl., München und Berlin 1961. Zitiert: Lb.
Friedrichs, Karl	Wie weit sind Vorschriften des BGB auf Schuldverhältnisse des öffentlichen Rechts anwendbar?, ArchBürgR 42 (1916) S. 28.
Galette, A.	Buchbesprechung, DVBl 1956, 312.
Geiger, Willi	Die Grundrechte in der Privatrechtsordnung, Stuttgart 1960.
Germann, Oskar Adolf	Grundlagen der Rechtswissenschaft (Einführung in deren Probleme, Methoden und Begriffe), Bern 1950.
Giacometti, Zaccaria	Allgemeine Lehren des rechtsstaatlichen Verwaltungsrechts (Allgemeines Verwaltungsrecht des Rechtsstaates), Bd. I, Zürich 1960.

Giese, Friedrich — GG für die Bundesrepublik Deutschland, Kommentar, 4. Aufl., Frankfurt/Main 1955.

Gönner, Nicolaus Thaddäus — Teutsches Staatsrecht, Landshut 1804.

Gygi, Fritz — Interventionsrecht und Interventionsverwaltung, Bern 1958.
Zitiert: Interventionsrecht.

Gygi, Fritz — Verwaltungsrecht und Privatrecht. Über die Bedeutung des Privatrechts für die öffentliche Verwaltung und seine Beziehungen zum Verwaltungsrecht, Bern 1956.
Zitiert: Verwaltungsrecht und Privatrecht.

Haarmann, Wennemar — Das Zweite Wohnungsbaugesetz, DVBl 1956, 597.

Haas, Diether — Das Verwaltungsprivatrecht im System der Verwaltungshandlungen und der fiskalische Bereich, DVBl 1960, 303 ff.

Hamann, Andreas — Entschädigungsansprüche wegen Subventionsschäden, BB 1962, 505.

Hamann, Andreas — Kommentar zum Grundgesetz, 2. Aufl. Neuwied/Berlin 1961.
Zitiert: GG

Hamann, Andreas — Öffentliche Kredite und Bürgschaften, BB 1953, 865.

Hamann, Andreas — Rechtsstaat und Wirtschaftslenkung, Heidelberg 1953.

Hamann, Andreas — Wirtschaftslenkung und Grundgesetz, BB 1951, 341.

Hamann, Andreas — Zur Problematik des Subventionsrechts, DVBl 1963, 486.

Hansmeyer, Karl-Heinrich — Finanzielle Staatshilfen für die Landwirtschaft — Zur Theorie einer sektoralen Finanzpolitik, Tübingen 1963.
Zitiert: Staatshilfen Landwirtschaft.

Hansmeyer, Karl-Heinrich — Subventionen in der Bundesrepublik Deutschland, unter Mitarbeit von Lore Pechtold, Hans-Rico Büssgen, Christa Schild, Heinrich Ellrott und Klaus Witte, Berlin 1962.
Zitiert: Subventionen.

Haueisen, Fritz	Das formelle subjektive Recht im Verwaltungsprozeß, insbesondere das Recht auf fehlerfreie Ausübung des Ermessens, DVBl 1952, 521.
Haueisen, Fritz	Das subjektive Recht auf fehlerfreie Ausübung des Ermessens, NJW 1954, 418.
Haueisen, Fritz	Der Widerruf fehlerfreier Verwaltungsakte, NJW 1955, 1457.
Haueisen, Fritz	Die Rechtsgrundlage der Vollstreckung des Verwaltungsakts, NJW 1956, 1457.
Haueisen, Fritz	Die Rücknahme fehlerhafter Verwaltungsakte, NJW 1954, 1425.
Haueisen, Fritz	Unnötige Normierung von Grundsätzen des allgemeinen Verwaltungsrechts im besonderen Verwaltungsrecht, DÖV 1959, 5.
Haueisen, Fritz	Verwaltung und Bürger (Die Rechtsformen des Handelns der Verwaltung gegenüber dem Bürger), DVBl 1961, 833.
Haueisen, Fritz	Zur Frage der Rücknahme fehlerhafter Verwaltungsakte, NJW 1958, 1661.
Helle, Ernst	Entscheidungsbesprechung, NJW 1961, 1157.
Henze, Karl-Otto	Verwaltungsrechtliche Probleme der staatlichen Finanzhilfe zugunsten Privater, Heidelberg 1958.
Hochbaum, M.	Das Diskriminierungs- und Subventionsverbot in der EGKS und EWG, Baden-Baden/Bonn 1962.
Holliger, Jacob	Das Kriterium des Gegensatzes zwischen privatem und öffentlichen Recht, Diss. Zürich 1904.
Huber, Ernst Rudolf	Neue Grundbegriffe des hoheitlichen Rechts, in „Grundfragen der neuen Rechtswissenschaft", Berlin 1935. Zitiert: Neue Grundbegriffe.
Huber, Ernst Rudolf	Über den Rechtsweg für Klagen aus „Übernahmeverträgen" der Einfuhrlenkung, DÖV 1956, 355.
Huber, Ernst Rudolf	Wirtschaftsverwaltungsrecht, 2. Aufl., Tübingen 1953, in zwei Bänden. Zitiert: Bd. I; Bd. II.
Imboden, Max	Der verwaltungsrechtliche Vertrag, Basel 1958.

Ipsen, Hans Peter	Aktionär und Sozialisierung in Verkehrs- und Energiewirtschaft (Rechtsgutachten), Düsseldorf 1949. Zitiert: Aktionär und Sozialisierung.
Ipsen, Hans Peter	Buchbesprechung, VArch Bd. 50 (1959) S. 94.
Ipsen, Hans Peter	Diskussionsbeitrag zu dem Beratungsgegenstand „Die staatliche Intervention im Bereich der Wirtschaft, Rechtsformen und Rechtsschutz" der Verhandlungen der Tagung der deutschen Staatsrechtslehrer zu Marburg 1952, VVDStRL 11, 129 ff.
Ipsen, Hans Peter	Entscheidungsbesprechung, DVBl 1962, 136.
Ipsen, Hans Peter	Gleichheit, in Neumann — Nipperdey — Scheuner „Die Grundrechte", Bd. II, Berlin 1954 S. 111 ff.
Ipsen, Hans Peter	Konstruktionsfragen der Getreideeinfuhr — Lenkung, Gedächtnisschrift für Walter Jellinek „Forschungen und Berichte aus dem öffentlichen Recht", München 1955. Zitiert: Konstruktionsfragen.
Ipsen, Hans Peter	Öffentliche Subventionierung Privater, Berlin/Köln 1956 (zitiert: Subv.) = DVBl 1956, 461, 498, 602.
Ipsen, Hans Peter	Rechtsfragen der Investitionshilfe, ArchöffR Bd. 39 n. F. (1952/53) S. 284 ff.
Ipsen, Hans Peter	Rechtsgutachten über das Verfahren und den Rechtsschutz bei Gewährung und Verweigerung von Ausfallbürgschaften des Bundes für Filmproduktionskredite, unveröffentlicht, 1951. Zitiert: Rechtsgutachten.
Isay, Rudolf	Die juristische Technik der Wirtschaftslenkung, F. S. zum 70. Geburtstag von Walter Schmidt-Rimpler, Karlsruhe 1957, S. 403 ff.
Jellinek, Walter	Verwaltungsrecht, 3. Aufl., Offenburg 1948.
Jentsch, Ulrich	Zum Begriff des öffentlichen Rechts, DÖV 1956, 299.
Jesch, Dietrich	Gesetz und Verwaltung, Eine Problemstudie zum Wandel des Gesetzmäßigkeitsprinzipes, Tübingen 1961.
Kegel, Gerhard	Rohstoff- und Rüstungskredite, Rechtsfragen ihrer Abwicklung, JZ 1951, 385.
Kelsen, Hans	Allgemeine Staatslehre, Berlin 1925 (zitiert: Staatslehre).

Kelsen, Hans — Reine Rechtslehre, 2. Aufl., Wien 1960.

Kelsen, Hans — Zur Lehre vom öffentlichen Rechtsgeschäft, ArchöffR Bd. 31 (1913) S. 53ff. und 190ff.

Kistler, Bruno — Contribution à l'étude juridique des subventions fédérales, Diss. Lausanne 1956.

Klein, Karl Heinz — Erläuterungen zu einer Examensklausur, JuS 1962, 353.

Klinger, Hans — Kommentar zur Verwaltungsgerichtsordnung, Göttingen 1960.

Koenigs, Folkmar — Diskriminierung durch Allgemeine Ortskrankenkasse — BGHZ 36, 91, JuS 1962, 342.

Kölble, Josef — Die hoheitliche Verwaltung des Bundes und die Staatsgewalt der Länder, DÖV 1962, 661.

Kötter-Ziemer-Siara — Kommentar zum Gesetz über die Investitionshilfe der deutschen gewerblichen Wirtschaft, 2. Aufl., bearbeitet von Siara (ohne Angabe eines Vornamens), Hans-Wilhelm Kötter und Herbert Ziemer, München/Berlin 1952.

Köttgen, Arnold — Die erwerbswirtschaftliche Betätigung der öffentlichen Hand und das öffentliche Recht, Tübingen 1928.

Köttgen, Arnold — Subventionen als Mittel der Verwaltung, DVBl 1953, 485.

von Krauss, Rupprecht — Der Grundsatz der Verhältnismäßigkeit in seiner Bedeutung für die Notwendigkeit des Mittels im Verwaltungsrecht, Hamburg 1955.

Krüger, Herbert — Die Auflage als Instrument der Wirtschaftsverwaltung, DVBl 1955, 380.

Krüger, Herbert — Wirtschaftsverfassung, Wirtschaftsverwaltung, Rechtsstaat, BB 1953, 565.

Küchenhoff, Günther — Die nichthoheitliche Willenserklärung öffentlichrechtlicher Art, BayVBl 1958, 325.

Larenz, Karl — Geschäftsgrundlage und Vertragserfüllung, 3. Aufl., München und Berlin 1963.

Layer, Max	Zur Lehre vom öffentlich-rechtlichen Vertrag, Eine Studie aus dem österreichischen Verwaltungsrecht, Graz und Leipzig 1916.
Lehmann, Heinrich	Allgemeiner Teil des bürgerlichen Gesetzbuches, 14. Aufl., Berlin 1963.
Leibholz, Gerhard	Die Gleichheit vor dem Gesetz und das Bonner Grundgesetz, DVBl 1951, 193.
Leisner, Walter	Grundrechte und Privatrecht, München 1960.
Lerche, Peter	Bundestagsbeschlüsse ohne Gesetzesbefehl über Subventionen, NJW 1961, 1758.
Lerche, Peter	Zum Rechtsschutz im Recht der öffentlichen Sachen, DVBl 1955, 283.
Löning, Georges	„Faktische Verträge" oder öffentliches Recht. Zur Rechtsstellung der Versorgungsbetriebe, der Post und der Straßenbahnen, ZAkDR 1942, 289.
Löw, Konrad	Fiskalgeltung der Grundrechte, DÖV 1957, 879.
Mallmann, Walter	Schranken nichthoheitlicher Verwaltung, Bericht über den 2. Beratungsgegenstand, VVDStRL 19 (1961) S. 165 ff.
Matti, Alfred	Die Bundessubvention als Rechtsinstitut des schweizerischen Bundesrechts, Diss. Zürich 1929.
Maunz, Theodor	Die staatliche Verwaltung der Zuschüsse und Subventionen, BayVBl 1962, 1.
Maunz, Theodor	in Mang-Maunz-Mayer-Obermayer, Staats- und Verwaltungsrecht in Bayern, München 1962.
Maunz-Dürig	Kommentar zum Grundgesetz, bearbeitet von Theodor Maunz und Günter Dürig, Loseblattausgabe, München/Berlin 1958.
Mayer, Franz	Das verfassungsrechtliche Gebot der gesetzlichen Ermächtigung, F. S. für Hermann Nottarp, Karlsruhe 1961, S. 187 ff.
Mayer, Otto	Deutsches Verwaltungsrecht, 3. Aufl., 1924, unveränderter Nachdruck Berlin 1961, in zwei Bänden. Zitiert: Bd. I; Bd. II.
Mayer, Otto	Zur Lehre vom öffentlich-rechtlichen Vertrage, ArchöffR Bd. 3, S. 3 ff.

Meier-Branecke, H.	Die Anwendbarkeit privatrechtlicher Normen im Verwaltungsrecht, ArchöffR Bd. 11 n. F. (1926) S. 230.
Meinhold, Wilhelm	im Handwörterbuch der Sozialwissenschaften, Bd. 10, Tübingen 1959, sub verbo „Subventionen", S. 236 ff.
Menger, Christian-Friedrich	Die Bestimmung der öffentlichen Verwaltung nach den Zwecken, Mitteln und Formen des Verwaltungshandelns, DVBl 1960, 297.
Menger, Christian-Friedrich	Höchstrichterliche Rechtsprechung zum Verwaltungsrecht, VArch. Bd. 50 (1959) S. 77 ff. und 193 ff.; Bd. 52 (1961) S. 196 ff.; 305 ff.; Bd. 53 (1962) S. 275 ff. und 390 ff.; Bd. 54 (1963) S. 88 ff., 198 ff. und 393 ff.
Menger, Christian-Friedrich	Rechtssatz, Verwaltung und Verwaltungsgerichtsbarkeit, DÖV 1955, 587.
Menzel, Hans	Die Mitwirkung der Hausbanken bei der Vergebung und Verwaltung öffentlicher Kredite, Berlin 1960
Merk, Wilhelm	Diskussionsbeitrag zu dem Beratungsgegenstand „Die staatliche Intervention im Bereich der Wirtschaft. Rechtsformen und Rechtsschutz" der Verhandlungen der Tagung der Deutschen Staatsrechtslehrer zu Marburg 1952, VVDStRL 11, 127 f.
Modest, Fritz	Kommentar zum Getreidegesetz, Heidelberg 1953.
Molitor, Erich	Über öffentliches und Privatrecht, Karlsruhe 1949.
Mühl, Otto	Das Wirtschaftsrecht in der Rechtsprechung des Bundesverwaltungsgerichts, Juristen-Jahrbuch Bd. 3 (1962/63) S. 171 ff.
von Münch, Ingo	Die Bindung des Gesetzgebers an den Gleichheitssatz bei der Gewährung von Subventionen, ArchöffR Bd. 46 n. F. (1960) S. 270 ff.
von Münch, Ingo	Staatliche Wirtschaftshilfe und Subsidiaritätsprinzip, JZ 1960, 303 ff.
Naumann, Richard	Diskussionsbeitrag zu dem Beratungsgegenstand „Die staatliche Intervention im Bereich der Wirtschaft. Rechtsformen und Rechtsschutz" der Verhandlungen der Tagung der Deutschen Staatsrechtslehrer zu Marburg 1952, VVDStRL 11, 131.
Nawiasky, Hans	Allgemeine Rechtslehre als System der rechtlichen Grundbegiffe, 2. Aufl., Einsiedeln/Zürich/Köln 1948.

Neumann, Peter	Wirtschaftslenkende Verwaltung (Rechtsformen — Bindung — Rechtskontrolle), Stuttgart 1959.
Nikisch, Arthur	Lehrbuch des Zivilprozeßrechts, 2. Aufl., Tübingen 1952.
Nipperdey, Hans Carl	Beiträge zum Tarifrecht, Mannheim/Berlin/Leipzig 1924. Zitiert: Beiträge.
Nipperdey, Hans Carl	Boykott und freie Meinungsäußerung, DVBl 1958, 445.
Nipperdey, Hans Carl	Gleicher Lohn der Frau für gleiche Leistung, RdA 1950, 121.
Nipperdey, Hans Carl	Grundrechte und Privatrecht, Universitätsrede, abgedruckt in der F. S. für Erich Molitor, München und Berlin 1962, S. 17 ff. Zitiert: F. S.
Nipperdey, Hans Carl	Kontrahierungszwang und diktierter Vertrag, Jena 1920. Zitiert: Kontrahierungszwang.
Nischk, Konrad	Die öffentlichen Kredite und Bürgschaften, Leitfaden durch die Kredit- und Bürgschaftsprogramme des Bundes (Stollfuß-Tabellen Nr. T 30), 1. Aufl., Stand: Januar 1959, Nachtrag mit Stand: Juli 1961.
Nissen, Werner	Zum Subventionsverbot des Montanunion-Vertrages, BB 1962, 1229.
Obermayer, Klaus	Entscheidungsbesprechung, JZ 1962, 376.
Obermayer, Klaus	Entscheidungsbesprechung, NJW 1958, 1107.
Obermayer, Klaus	Entscheidungsbesprechung, NJW 1959, 115.
Osterwalder, Max	Die Exportrisikogarantie des Bundes, Diss. Bern 1944.
Peters, Hans	Lehrbuch der Verwaltung, Berlin/Göttingen/Heidelberg 1949. Zitiert: Lb.
Peters, Hans	Verwaltung ohne gesetzliche Ermächtigung?, F. S. für Hans Huber, Bern 1961, S. 206 ff. Zitiert: F. S.
Plewnia, Hansjörg	Die Vorratshaltung der Einfuhr- und Vorratsstelle für Getreide und Futtermittel, NJW 1959, 1404.

Prazák, Georg	Die prinzipielle Abgrenzung der Competenz der Gerichte und Verwaltungsbehörden, ArchöffR Bd. 4 (1889) S. 241 ff.
Radbruch, Gustav	Einführung in die Rechtswissenschaft, 9. Aufl., herausgegeben von Konrad Zweigert, Stuttgart 1952.
Raiser, Ludwig	Entscheidungsbesprechung, JZ 1959, 407 ff.
Ramstein, Kurt	Die Abgrenzung zwischen öffentlichem und privatem Recht im Lichte der bundesgerichtlichen Rechtsprechung, Winterthur 1959.
Rauball (ohne Angabe eines Vornamens)	Die Verwaltung von Aufbaudarlehen durch die Amtskasse, ZLA 1956, 215.
Reuß, Wilhelm	Wirtschaftsverwaltungsrecht I, Bd. VIII, 1. Hbbd. der „Verwaltungsgesetze des Bundes und der Länder", früher herausgegeben von M. von Brauchitsch, jetzt neu herausgegeben von C. H. Ule, Köln/Berlin/Bonn/München 1963.
Reuter, Niels	Das Recht der staatlichen Ausfuhrförderung, Göttingen 1959.
Richter, Lutz	Das subjektive öffentliche Recht, ArchöffR Bd. 8 n. F. (1925) S. 11 ff.
Rinck, Gerd	Wirtschaftsrecht, Köln/Berlin/Bonn/München 1963.
Römer, Hans	Abwicklung reichsverbürgter Kredite, BB 1950, 97.
Rosenberg, Leo	Lehrbuch des deutschen Zivilprozeßrechts, 9. Aufl., München/Berlin 1961.
Ruck, Erwin	Schweizerisches Verwaltungsrecht, Bd. I: Allgemeiner Teil, 3. Aufl., Zürich 1951.
Rupp, Hans Heinrich	Die Beseitigungs- und Unterlassungsklage gegen Träger hoheitlicher Gewalt (Eine Untersuchung zur prozeßrechtlichen Behandlung des schlichten Verwaltungshandelns, insbesondere im Bereich der staatlichen Daseinsvorsorge), DVBl 1958, 113.
Rupp, Hans Heinrich	Widerruf amtlicher ehrenkränkender Behauptungen, NJW 1961, 811.
Rupp, Hans Heinrich	Zum Anwendungsbereich des verwaltungsrechtlichen Vertrages — OVG Münster, Urt. v. 21. 6. 1960, JuS 1961, 61.

Salzwedel, Jürgen	Die Grenzen der Zulässigkeit des öffentlich-rechtlichen Vertrages, Berlin 1958.
von Savigny, Friedrich Karl	System des römischen Rechts, Bd. I, Berlin 1840.
Schack, Friedrich	Das rechtliche Wesen der wegerechtlichen Sondernutzung nach altem und neuen Recht, VArch Bd. 54 (1963) S. 43 ff.
Schaefer — Teege	Eingliederungsdarlehen aus Lastenausgleichsmitteln, Verfasser: Karl Heinz Schäfer und Wilhelm Teege, Essen 1953.
Schallehn, Ernst	Garantien und Bürgschaften der Bundesrepublik Deutschland zur Förderung der deutschen Ausfuhr, Köln 1954 (mit Ergänzung vom Februar 1955).
Schaumann, Wilfried	Grundrechtsanwendung im Verwaltungsprivatrecht (Korreferat), JuS 1961, 110.
Schelcher (ohne Angabe eines Vornamens)	Die rechtliche Natur und die Wirkungen der Eisenbahnkonzession in Sachsen, mit besonderer Berücksichtigung der elektrischen Straßenbahnen, Fischers Ztschr. Bd. 20, Freiburg 1899.
Scheuner, Ulrich	Buchbesprechung, DÖV 1957, 383.
Scheuner, Ulrich	Die Selbständigkeit und Einheit der Rechtspflege, DÖV 1953, 517.
Scheuner, Ulrich	Die staatliche Intervention im Bereich der Wirtschaft. Rechtsformen und Rechtsschutz (Bericht über den 1. Beratungsgegenstand), VVDStRL 11, 1 ff.
Schindler, Dietrich	Die Bundessubvention als Rechtsproblem, Diss. Zürich 1951.
Schneider, Hans	Entscheidungsbesprechung, NJW 1957, 1076.
Schoen, Xaver	Die Grenzen der Verwaltungsgerichtsbarkeit, DÖV 1955, 137.
Scholz, Christoph	Kreditinstitute des Bundes und ihre Aufgaben im Rahmen der Wirtschaftsverwaltung, Frankfurt/Main 1960.
Schüle, Adolf	Die staatliche Intervention im Bereich der Wirtschaft, Rechtsformen und Rechtsschutz (Mitbericht), VVDStRL 11, 75 ff.
Schütz, Erwin	Der Widerruf gesetzwidriger begünstigender Verwaltungsakte, DÖV 1958, 449.

Seibert, Wolfgang — Die Gewährung von Darlehen an Hilfsbedürftige, Der Städtetag 1959, 484.

Siebert, Wolfgang — Privatrecht im Bereich öffentlicher Verwaltung (Zur Abgrenzung und Verflechtung von öffentlichem und Privatrecht), F. S. für Hans Niedermeyer, Göttingen 1953, S. 215 ff.
Zitiert: F. S.

Siebert, Wolfgang — Zur neueren Rechtsprechung über die Abgrenzung von Zivilrechtsweg und Verwaltungsrechtsweg, DÖV 1959, 733.

Soergel-Glaser — Kommentar zum Bürgerlichen Gesetzbuch, begründet von Hs. Th. Soergel, neu herausgegeben von Wolfgang Siebert, 9. Aufl., Bd. II, Stuttgart 1962. Kommentierung von Glaser (ohne Angabe eines Vornamens).

Soergel-Siebert — wie Soergel-Glaser, Bd. I, Stuttgart 1959. Kommentierung von Siebert.

Spahn, Franz Josef — Die Einschaltung der Kreditinstitute bei Eingliederungsdarlehen nach dem Lastenausgleichsgesetz (mit einem Vorwort von Armin Spitaler), Frankfurt/Main 1958.

Spanner, Hans — Buchbesprechung, DVBl 1958, 725.

Spanner, Hans — Entscheidungsbesprechung, DÖV 1963, 29 ff.

Spanner, Hans — Grenzen zwischen öffentlichem und bürgerlichem Recht im Wegerecht, Bielefeld 1958.
Zitiert: Grenzen.

Spanner, Hans — Organisationsgewalt und Organisationsrecht, DÖV 1957, 640.

Spanner, Hans — Verhandlungen des 43. Deutschen Juristentages (München 1960), Bd. I, Tübingen 1960, 2. Teil A (Gutachten).
Zitiert: Juristentag

Spieß, Wilhelm — „Faktische Verträge oder öffentliches Recht — oder Tarif?, ZAkDR 1942, 340 ff.

Steffen, Wilhelm — Der öffentlich-rechtliche Vertrag im heutigen Recht, Diss. Königsberg, Druck Würzburg 1938.

Stern, Klaus — Entscheidungsbesprechung, JZ 1962, 181.

Stern, Klaus	Entscheidungsbesprechung, NJW 1958, 683.
Stern, Klaus	Rechtsfragen der öffentlichen Subventionierung Privater, JZ 1960, 518 ff., 557 ff.
Stern, Klaus	Zur Grundlegung einer Lehre des öffentlich-rechtlichen Vertrages, VArch Bd. 49 (1958) S. 106 ff.
Surén-Loschelder	Kommentar zur Deutschen Gemeindeordnung vom 30. 1. 1935, bearbeitet von Friedrich Carl Surén und Wilhelm Loschelder, Bd. I, Berlin 1940.
Tezner, Friedrich	Die Privatrechtstitel im öffentlichen Recht, ArchöffR Bd. 9 (1894) S. 525 ff.
Triepel, Heinrich	Der Konviktorien-Beitrag der Landschaft Norder-Dithmarschen, F. S. für Heinrich Brunner, München/Leipzig 1915, S. 523 ff.
von Turegg-Kraus	Lehrbuch des Verwaltungsrechts, begründet von Kurt Egon von Turegg, 4. Aufl., neubearbeitet von Erwin Kraus, Berlin 1962.
Ule, Carl Hermann	Verwaltungsgerichtsbarkeit, Bd. I, 2. Hbbd. der „Verwaltungsgesetze des Bundes und der Länder", 2. Aufl., Köln/Berlin/München/Bonn 1962. Zitiert: VwGO.
Ule, Carl Hermann	Wirtschaftsverwaltungsrecht und Rechtsschutzproblem, Staatszeitung für Rheinland-Pfalz 1954, Beilage 2.
Wacke, Gerhard	Die Finanzverfassung, DÖV 1955, 577.
Wahl, Eduard	Privatrecht und öffentliches Recht, SJZ 1, 27.
Walz, Gustav Adolf	Vom Wesen des öffentlichen Rechts, Stuttgart 1928.
Welter, Hilarius	Subventionen als Rechtsbegriff, BB 1962, 493.
Welter, Hilarius	Subventionen als Rechtsbegriff — Erwiderung zur Stellungnahme von Jörg Fischer, BB 1962, 1185.
Werner, Paul	Auswirkungen der Zweistufentheorie im Subventionsrecht, Vortrag im Rahmen des 30. Staatswissenschaftlichen Fortbildungskursus der Hochschule für Verwaltungswissenschaften Speyer: „Wandlungen der rechtswissenschaftlichen Verwaltung", veröffentlicht in Bd. 13 der Schriftenreihe der Hochschule Speyer, Berlin 1962, S. 97 ff.

Wertenbruch, Wilhelm	Grundrechtsanwendung im Verwaltungsprivatrecht, JuS 1961, 105.
Wieacker, Franz	Leistungsbeziehungen ohne Vereinbarung, ZAkDR 1943, 33.
Willigmann, Klaus	Koppelung von Verwaltungsakten mit wirtschaftlichen Gegenleistungen, DVBl 1963, 229.
Witten, Egmont	Subventionen in der Rechtsprechung, DVBl 1958, 699.
Wolf, Ernst	Zur Methode der Bestimmung von privatem und öffentlichem Recht, F. S. für Erich Molitor, München und Berlin 1962, S. 1 ff.
Wolff, Hans J.	Der Unterschied zwischen öffentlichem und privatem Recht, ArchöffR Bd. 37 n. F. (1950/51) S. 205 ff.
Wolff, Hans J.	Entscheidungsbesprechung, JZ 1953, 553.
Wolff, Hans J.	Verwaltungsrecht I, 5. Aufl., München und Berlin 1963. Zitiert: Lb.
Zachariä, Heinrich Albert	Deutsches Staats- und Bundesrecht (2. Teil), 2. Aufl., Göttingen 1854.
Zeidler, Karl	Schranken nichthoheitlicher Verwaltung, Mitbericht, VVDStRL 19 (1961) S. 165 ff.
Zschacke (ohne Angabe eines Vornamens)	Die Rücknahme von fehlerhaften Leistungsbescheiden zu Ungunsten des Antragstellers, ZLA 1955, 145.
Zuleeg, Manfred	Bürgerlichrechtliche Schuldverhältnisse zwischen Hoheitsträger und Staatsbürger auf Grund Verwaltungsakts?, Diss. Erlangen 1959. Zitiert: Diss.
Zuleeg, Manfred	Entscheidungsbesprechung, DVBl 1963, 34.
Zuleeg, Manfred	Zweistufige Rechtsverhältnisse bei der Vergabe öffentlicher Aufträge?, NJW 1962, 2231 ff.

ABKÜRZUNGSVERZEICHNIS

A. A.	anderer Ansicht
a. a. O.	am angegebenen Ort
abl.	ablehnend
Abs.	Absatz
AktG	Aktiengesetz
amtl.	amtlich
ÄndG	Änderungsgesetz
Anm.	Anmerkung
Anh.	Anhang
ArchBürgR	Archiv für bürgerliches Recht
ArchöffR	Archiv für öffentliches Recht
Art.	Artikel
A. S.	Amtliche Sammlung
Aufl.	Auflage
BadWüVBl	Baden-Württembergisches Verwaltungsblatt
BAG	Bundesarbeitsgericht (bei nachfolgenden Zahlen: Entscheidung des Bundesarbeitsgerichts, Amtliche Sammlung, zitiert nach Band und Seite)
BAnz	Bundesanzeiger
BayBgmstr.	Der Bayerische Bürgermeister
BayBS	Bayerische Bereinigte Sammlung
BayGO	Bayerische Gemeindeordnung
BayObLGSt	Entscheidung des Bayerischen Obersten Landesgerichts in Strafsachen
BayObLGZ	Entscheidung des Bayerischen Obersten Landesgerichts in Zivilsachen
BayVBl	Bayerisches Verwaltungsblatt
BayVerfGH	Bayerischer Verfassungsgerichtshof
BayVGH	Bayerischer Verwaltungsgerichtshof
BayVGH n. F.	Entscheidungen des Bayerischen Verwaltungsgerichtshofes, Amtliche Sammlung, neue Folge
BB	Der Betriebsberater
Bd.	Band
Beschl.	Beschluß
betr.	betreffend
BezVG	Bezirksverwaltungsgericht
BGB	Bürgerliches Gesetzbuch
BGBl	Bundesgesetzblatt
BGE	Bundesgerichtsentscheidung
BGH	Bundesgerichtshof

BGHZ	Entscheidungen des Bundesgerichtshofs in Zivilsachen, Amtliche Sammlung
BSG	Bundessozialgericht
BSGE	Entscheidungen des Bundessozialgerichts, Amtliche Sammlung
BT	Bundestag
BVerfG	Bundesverfassungsgericht
BVerfGE	Entscheidungen des Bundesverfassungsgerichts, Amtliche Sammlung
BVerwG	Bundesverwaltungsgericht
BVerwGE	Entscheidungen des Bundesverwaltungsgerichts, Amtliche Sammlung
BVFG	Bundesvertriebenen- und Flüchtlingsgesetz
bzw.	beziehungsweise
dgl.	dergleichen
DGO	Deutsche Gemeindeordnung
d. h.	das heißt
Dig.	Digesten
Diss.	Dissertation
DÖV	Die öffentliche Verwaltung
Drucks.	Drucksache
DVBl	Deutsches Verwaltungsblatt
DVO	Durchführungsverordnung
Einl.	Einleitung
Entsch.	Entscheidung
EnWG	Energiewirtschaftsgesetz
Erl.	Erläuterung
ERP	European Recovery Program
ESVGH	Entscheidungssammlung des Verwaltungsgerichtshofes
EurGH	Gerichtshof der Europäischen Gemeinschaften
e. V.	eingetragener Verein
EWG	Europäische Wirtschaftsgemeinschaft
f.	und die folgende (Paragraphen- oder Seiten-) Zahl
ff.	und die folgenden (Paragraphen- oder Seiten-) Zahlen
FGG	Gesetz betreffend die Angelegenheiten der freiwilligen Gerichtsbarkeit
Fischers Ztschr.	Fischers Zeitschrift für Praxis und Gesetzgebung der Verwaltung, zunächst für das Königreich Sachsen
F. S.	Festschrift
Fssg.	Fassung
Fußn.	Fußnote
G	Gesetz
GetrG	Getreidegesetz (Gesetz über den Verkehr mit Getreide und Futtermitteln)
GG	Grundgesetz

GmbHG	Gesetz betreffend die Gesellschaften mit beschränkter Haftung
GMBl	Gemeinsames Ministerialblatt
GSZ	Großer Senat für Zivilsachen
GVG	Gerichtsverfassungsgesetz
Hbbd.	Halbband
HessVGH	Hessischer Verwaltungsgerichtshof
HGB	Handelsgesetzbuch
h. M.	herrschende Meinung
HRR	Höchstrichterliche Rechtsprechung
i. d. Fssg.	in der Fassung
IHG	Investitionshilfegesetz
insbes.	insbesondere
i. Verb. m.	in Verbindung mit
JR	Juristische Rundschau
JuS	Juristische Schulung
JW	Juristische Wochenschrift
JZ	Juristenzeitung
Kap.	Kapitel
KG	Kammergericht
Komm.	Kommentar
LAG	Lastenausgleichsgesetz
Lb.	Lehrbuch
LG	Landgericht
m.	mit
MDR	Monatsschrift für Deutsches Recht
m. E.	meines Erachtens
MtBl BAA	Mitteilungsblatt des Bundesausgleichsamtes
MtBl MfS	Mitteilungsblatt des Hauptamtes für Soforthilfe
n. F.	neue Folge
NJW	Neue Juristische Wochenschrift
Nr.	Nummer
OLG	Entscheidungen der Oberlandesgerichte
OVG	Oberverwaltungsgericht
PrOVG	Entscheidungen des Preußischen Oberverwaltungsgerichtes, Amtliche Sammlung
RAO	Reichsabgabenordnung
RdA	Recht der Arbeit
Rdn.	Randnote
RG	Reichsgericht

RGBl	Reichsgesetzblatt
RGZ	Entscheidungen des Reichsgerichts in Zivilsachen, Amtliche Sammlung
s.	siehe
S.	Seite
SJZ	Süddeutsche Juristenzeitung
sog.	sogenannte(r)
Sten. Ber.	stenographischer Bericht
StGB	Strafgesetzbuch
u.	und
u. a.	unter anderem
u. a. m.	und andere mehr
Urt.	Urteil
u. U.	unter Umständen
v.	vom
VArch	Verwaltungsarchiv
Verf.	Verfasser
VG	Verwaltungsgericht
VGH	Verwaltungsgerichtshof
vgl.	vergleiche
VO	Verordnung
Vorbem.	Vorbemerkung
VRspr	Verwaltungsrechtsprechung in Deutschland, herausgegeben von G. Ziegler
VVDStRL	Veröffentlichung der Vereinigung Deutscher Staatsrechtslehrer
VwGO	Verwaltungsgerichtsordnung
Wahlper.	Wahlperiode
WM	Wertpapier-Mitteilungen
WRV	Weimarer Reichsverfassung
WüBadVGH	Württemberg-Badischer Verwaltungsgerichtshof
ZAkDR	Zeitschrift der Akademie für Deutsches Recht
z. B.	zum Beispiel
ZGesStW	Zeitschrift für die gesamte Staatswissenschaft
ZLA	Zeitschrift für Lastenausgleich
ZPO	Zivilprozeßordnung
zust.	zustimmend
zw.	zweifelhaft
ZZP	Zeitschrift für Zivilprozeß

KAPITEL I

Über die Gründe der Problemstellung

1. Die Entstehung unterschiedlicher Rechtsformen

Bereits das klassische römische Recht unterschied die Rechtsgebiete des öffentlichen und des privaten Rechts[1]. Über die Rezeption des römischen Rechts fand diese Unterscheidung auch Eingang in das deutsche Rechtsdenken[2]. Ihre eigentliche Bedeutung erlangte sie jedoch erst im 19. Jahrhundert.

Das Privatrecht wies in der ersten Hälfte des 19. Jahrhunderts auf Grund der Überlieferung, insbesondere des römischen Rechtes, schon sehr ausgeprägte Züge auf. Der im Vordringen begriffene Liberalismus sah in dem vom Grundsatz der Privatautonomie beherrschten Privatrecht einen Hort für die freie Entfaltung der Persönlichkeit. In der Tat waren in diesem Bereich staatliche Eingriffe weitgehend auf gesetzgeberische Akte beschränkt. Der Schutz der Individualsphäre fand seinen besonderen Ausdruck darin, daß der Weg zu einem unabhängigen Gericht stets offenstand[3].

Das öffentliche Recht hingegen steckte noch in seinen Anfängen. Seine rechtliche Ausgestaltung ließ sehr zu wünschen übrig und ging über staatsrechtliche Fragen kaum hinaus[4]. Um dem Bürger wenigstens einen gewissen Rechtsschutz zu gewähren, wich man mit Hilfe der Fiskustheorie teilweise auf den privatrechtlichen Bereich aus[5].

Erst in der zweiten Hälfte des 19. Jahrhunderts gelang es, das öffentliche Recht, insbesondere das Verwaltungsrecht, juristisch zu erfassen und zu durchdringen und so vom Privatrecht zu lösen. Bahnbrechend wirkte dabei *Otto Mayer* mit seiner nach französischem Vorbild entwickelten Lehre vom Verwaltungsakt[6], der von da an als einseitig verbindlicher Anspruch eines Trägers hoheitlicher Gewalt gegenüber dem Gewaltunter-

---

[1] Vgl. die bekannte Ulpianstelle (Dig. I 1,1 § 2): Publicum ius est quod ad statum rei Romanae spectat, privatum quod ad singulorum utilitatem. Näheres dazu bei *Walz*, a. a. O., S. 10 ff.

[2] *Kelsen*, Staatslehre, S. 89; *Molitor*, a. a. O., S. 11 ff.; *Walz*, a. a. O., S. 19 ff.

[3] Vgl. *Gönner*, a. a. O., S. 480 ff.; *Zachariä*, a. a. O., S. 201 ff.; aus neuerer Zeit: *Böhmer*, a. a. O., S. 175 ff.; *Molitor*, a. a. O., S. 14 ff.

[4] Dies wird besonders deutlich bei *Zachariä*, a. a. O. (vor allem S. 93 ff., S. 104 ff.). Vgl. dazu auch *Ehmke*, a. a. O., S. 8 f.

[5] Zur Fiskustheorie *Otto Mayer*, Bd. I, S. 47 ff.; s. ferner *Böhmer*, a. a. O., S. 182 ff.; *Zeidler*, VVDStRL 19 (1961) S. 221 ff.

[6] Zur Entstehungsgeschichte *Otto Mayer*, Bd. I., S. 54 ff.

worfenen[7] das charakteristische Ausdrucksmittel des öffentlich-rechtlichen Handelns eines Hoheitsträgers bildete.

Auf diese Weise standen sich zwei grundlegend verschiedene Rechtsformen gegenüber: Das vom Grundsatz der Privatautonomie beherrschte Privatrecht baute auf der rechtsgeschäftlichen Übereinkunft auf, während das öffentliche Recht, in erster Linie das Verwaltungsrecht, auf einseitig verbindliche Rechtsakte abstellte. Bezeichnenderweise wollte *Otto Mayer* den öffentlich-rechtlichen Vertrag nur mehr dem Namen nach auf dem Gebiete des Verwaltungsrechts zwischen Hoheitsträger und Gewaltunterworfenem zulassen, nicht aber im Sinne einer rechtsgeschäftlichen Übereinkunft dieser beiden[8]. Wenn sich diese Meinung auch nicht voll durchgesetzt hat, so vermochte sie doch, den öffentlich-rechtlichen Vertrag auf wenige Restpositionen abzudrängen[9]. Der Verwaltungsakt blieb das eigentliche Mittel öffentlich-rechtlichen Handelns der Träger öffentlicher Verwaltungsaufgaben.

Freilich löste sich das öffentliche Recht nicht mit einem Male vom Zivilrecht. Es bedurfte dafür vielmehr einer länger anhaltenden Entwicklung. Im Laufe dieses Prozesses bildeten sich Zwischenformen heraus, die sog. gemischten Rechtsinstitute[10].

Dem entspricht der Werdegang mancher Rechtsinstitute, die heute allgemein als rein öffentlich-rechtlich anerkannt sind[11]. Als Beispiel sei hier die Enteignung herausgegriffen, die anfangs lange Zeit als Zwangskauf angesehen wurde, weil man mit den bewährten Formen des bürgerlichen Rechtes zunächst alle Rechtserscheinungen viel besser erklären konnte, und erst nach und nach die Hilfsmittel des öffentlichen Rechtes soweit ausgebaut wurden, daß man das Rechtsinstitut voll dem öffentlichen Recht eingliedern konnte[12].

Jedenfalls aber entstand so allmählich ein geschlossenes System des öffentlichen Rechtes mit eigenständigen Rechtsformen. Mit seinem zu-

---

[7] *Otto Mayer,* Bd. I, S. 92 ff.

[8] *Otto Mayer* ArchöffR Bd. 3 (1888) S. 3 ff.; vgl. dazu *Bullinger,* a. a. O., S. 31 und 241 ff.

[9] *Bullinger,* a. a. O., S. 244. Dieser unternimmt selbst erneut den Versuch, das Institut des öffentlich-rechtlichen Vertrages als Mittel der Hoheitsverwaltung ganz auszuschalten (a. a. O., S. 246 ff.) Er führt dafür gewichtige Gründe an. Ob sich sein Vorschlag angesichts des zähen Festhaltens der Lehre an überkommenen Instituten verwirklichen läßt, steht allerdings dahin.

[10] Dazu *Werner Fischer,* a. a. O., S. 1: „Es bedurfte einer langen Entwicklung, um eine Trennung der beiden Rechtsgebiete herbeizuführen, und es kostete der jungen Wissenschaft vom öffentlichen Recht viel Mühe, sich eigene Rechtsinstitute zu schaffen. Wie schwer dieser Kampf war, beweist die Zähigkeit, mit der man bei längst als öffentlich-rechtlich anerkannten Instituten noch an privatrechtlichen Bestandteilen festhielt. Hier sei nur an die sog. ‚gemischten Rechtsinstitute' erinnert."

[11] Näheres bei *Fleiner,* a. a. O., S. 39. S. auch *Giacometti,* a. a. O., S. 95 f.

[12] *Bürckner,* a. a. O., S. 113.

nehmenden Ausbau wuchs auch der Rechtsschutz des Bürgers. Den Ausgangspunkt hierfür bildete die Lehre *Otto Mayers* vom Verwaltungsakt, die zwar auf der Subordination des Staatsbürgers gegenüber der Hoheitsgewalt des Staates beruhte, aber durch die klare Erkenntnis dieser Überordnung es ermöglichte, dem Hoheitsträger seine Bindung und Verantwortung aufzuzeigen und seinem hoheitlichen Handeln Fesseln anzulegen[13]. Mit Hilfe einer Ausgestaltung der Lehre vom Verwaltungsakt und der Bindungen, denen der Hoheitsträger beim Erlaß eines solchen Aktes unterliegt, gelang es im Laufe der Zeit, insbesondere nach dem Zweiten Weltkriege auf Grund der bitteren Erfahrungen der vorausgegangenen Jahre des totalitären Regimes, den Schutz der Individualsphäre gerade im Bereich der Hoheitsverwaltung in starkem Maße zu gewährleisten[14].

Dies blieb nicht ohne Auswirkungen auf die Verwendung der unterschiedlichen Rechtsformen. Die staatliche Gewalt war bestrebt, die ihr im öffentlichen Recht auferlegten Beschränkungen abzuschütteln, indem sie sich auf den Boden des Privatrechts begab, das so mit einem Male nicht mehr als der Hort der Freiheit des Bürgers erschien[15]. Das Wort von der „Flucht der Hoheitsgewalt ins Privatrecht" tauchte auf[16]. Um dem entgegenzuwirken, war die Lehre bemüht, die rechtsstaatlichen Sicherungen mehr und mehr auch aufs Privatrecht auszudehnen[17]. Darüber hinaus versuchte sie, im Interesse des Rechtsschutzes des Bürgers den Anwendungsbereich öffentlich-rechtlicher Rechtsformen zu erweitern[18]. Es zeigte sich so, daß der Höhepunkt der Zurechnung der Materien zum öffentlichen Recht noch nicht überschritten ist[19].

Angesichts dieses Hin und Her zwischen den Rechtsbereichen des öffentlichen und des privaten Rechtes nimmt es nicht Wunder, wenn Überschneidungen und Verschränkungen beider Bereiche auftraten[20], zumal

---

[13] Daß *Otto Mayer* dieses Ziel verfolgte, wird oft verkannt. Vgl. aber *Otto Mayer*, Bd. I, S. 54 ff., und dazu *Bullinger*, a. a. O., S. 243 f. und 247.

[14] *Giacometti*, a. a. O., S. 103 ff., insbes. S. 111.

[15] *Forsthoff*, Auftraggeber, S. 11. *Erler*, Int. Wirtschaftsrecht, S. 34 und 179, spricht von einer Verschleierung der Absichten des Hoheitsträgers durch die Verwendung von Formen des Privatrechts und weist darauf hin, daß der Hoheitsträger sich durch privatrechtliche Gestaltung in weit größerem Maße einer Kontrolle entziehen kann, als dies bei öffentlich-rechtlichem Vorgehen der Fall ist.

[16] *Bachof* DÖV 1953, 423; *Giacometti*, a. a. O., S. 88; *Ipsen*, Subv. S. 12 = DVBl 1956, 464; *Naumann* VVDStRL 11. 131; s. auch *Leisner*, a. a. O., S. 199 ff.; *Werner*, a. a. O., S. 108.

[17] Vgl. insbesondere *Geiger*, a. a. O.; *Leisner*, a. a. O.; *Nipperdey*, F. S., S. 17 ff.

[18] Bezeichnend z. B. *Henze*, a. a. O., S. 54 ff.

[19] *Giacometti*, a. a. O., S. 94; *Ipsen*, Subv. S. 15 = DVBl 1956, 464; *Lerche* DVBl 1955, 286; a. A. *Scheuner* DÖV 1953, 519.

[20] Eine gute Zusammenfassung aus der neuesten Zeit bringt *Baur* JZ 1963, 41 ff.; s. auch *Bullinger*, a. a. O., S. 29 f.; *Haueisen* DVBl 1961, 833; *Mühl*, a. a. O., S. 186 f.; *Neumann*, a. a. O., S. 18.

auch noch die zunehmende Kompliziertheit der Lebensverhältnisse einer modernen Industriegesellschaft und die sozialen Veränderungen dazu beitrugen, daß die Abgrenzung brüchig wurde[21].

Die Folge war, daß wiederum gemischte Rechtsformen auftauchten. Vor allem im Bereich der Wirtschaftsverwaltung bediente man sich ihrer gerne, wenn Institute des Privatrechts dem Handeln der Interventionsverwaltung nicht mehr angemessen erschienen, andererseits aber das öffentliche Recht nicht als ausgereift erachtet wurde, um die wirtschaftlichen Vorgänge richtig zu erfassen[22].

Auch wenn die Grenzlinien zwischen öffentlichem und privatem Recht im Zuge dieser Entwicklung verschwammen, so wurden doch die unterschiedlichen Rechtsformen nicht angeglichen. Der Verwaltungsakt bleibt das typische Ausdrucksmittel des öffentlichen Rechtes, während die rechtsgeschäftliche Übereinkunft nach wie vor das charakteristische Gestaltungsmittel des Privatrechts darstellt[23]. Lediglich in den Grenzgebieten ist die Unterscheidung in Frage gestellt.

Die Frage nach der Rechtsform muß jedoch auch dort gelöst werden, da die Anwendung der einen oder der anderen Form wesentliche praktische Auswirkungen hat[24]. Davon hängt nämlich die Geltung verschiedener Gruppen von Rechtsnormen für das betreffende Rechtsverhältnis ab[25]. Es können sich so vor allem bei der Beurteilung der Gültigkeit von Rechtshandlungen (z. B. wegen der Beachtlichkeit von Willensmängeln, von Ermessensfehlern, der Zulässigkeit von Auflagen und Bedingungen, der Möglichkeit, Gewährungen rückgängig zu machen u. dgl. mehr), in Haftungsfragen, in Rechtswegfragen und bei der Zwangsvollstreckung unterschiedliche Ergebnisse herausstellen, wie die Untersuchung im einzelnen noch zeigen wird.

2. Die Subventionen als Gegenstand der Untersuchung

Die Subventionen gelten geradezu als Paradefall für Handlungen eines Hoheitsträgers, die sich im Grenzgebiet zwischen öffentlichem und privatem Recht bewegen[26]. Hier stellt sich die Frage nach der Rechtsform

---

[21] Vgl. *Bachof* ArchöffR Bd. 44 n. F., S. 229; *Menger* DVBl 1960, 300 ff.

[22] *Erler*, Int. Wirtschaftsrecht, S. 34; *Ipsen*, Subv. S. 15 = DVBl 1956, 464.

[23] *Bullinger*, a. a. O., S. 29, spricht von „Modell-Vorstellungen".

[24] Das wird auch von Schweizer Autoren betont (*Giacometti*, a. a. O., S. 91 ff.; *Gygi*, Verwaltungsrecht und Privatrecht, S. 1; *Kistler*, a. a. O., S. 32; *Ruck*, a. a. O., S. 44).

[25] *Bachof*, ArchöffR, Bd. 44 n. F. S. 228, der allerdings zu Recht darauf hinweist, daß umgekehrt auch die Zuordnung eines Rechtsverhältnisses zum öffentlichen oder privaten Recht nicht völlig unabhängig von den anzuwendenden Rechtsnormen erfolgt.

[26] S. beispielsweise *Baur* JZ 1963, 44; *Soergel-Siebert*, a. a. O., Rdn. 84 und 85 der Einführung; *Werner*, a. a. O., S. 99.

am dringendsten[27]; denn die wachsende Bedeutung der Subventionen im modernen Wirtschaftsleben erfordert eine gründliche rechtliche Ausgestaltung dieses Institutes, und zwar aus zweierlei Gründen: Einmal sind die Subventionen vom Standpunkt des gewährenden Hoheitsträgers aus ein sehr wichtiges Mittel der Wirtschaftslenkung[28]. Die Verwaltung kann mit Hilfe von finanziellen Zuwendungen ihre Ziele ohne Anwendung obrigkeitlicher Zwangsgewalt durchsetzen[29], ein Weg, der eher marktwirtschaftlichen Grundsätzen entspricht als eine Lenkung durch Gebote und Verbote[30]. Die Verwaltung geht dabei so vor, daß sie die Leistungskraft bestimmter Unternehmen oder bestimmter Wirtschaftszweige stärkt, um auf diese Weise das wirtschaftliche Kräfteverhältnis zu regulieren. Sie verwirklicht mit Hilfe von Auflagen oder Bedingungen, die sie mit den jeweiligen Vergünstigungen verknüpft, ihre Bestrebungen[31]. Sie kann sogar durch ihre finanzielle Unterstützung eine Abhängigkeit des Staatsbürgers herbeiführen, auf Grund deren der Betreffende den Wünschen der Verwaltung in weitem Maße entspricht. Der auf diese Weise eröffnete staatliche Einfluß ist häufig stärker als jeder Zwang[32]. Dementsprechend bedient sich auch die Verwaltung in sehr großem Umfange des Mittels der Subventionspolitik, d. h. der Wirtschaftslenkung durch finanzielle Hilfen zugunsten Privater[33]. All dies erfordert, daß dem Hoheitsträger ein rechtlich durchgeformtes Institut zur Verfügung gestellt wird, das es ihm ermöglicht, die mit der Gewährung von Subventionen verfolgten wirtschaftlichen Ziele auch tatsächlich zu erreichen, und dies nicht etwa an einer unzulänglichen rechtlichen Erfassung scheitern zu lassen.

Auf der anderen Seite steht das Interesse des Staatsbürgers an genügendem Rechtsschutz. Dieses macht in noch höherem Maße als das Interesse des wirtschaftslenkenden Hoheitsträgers die rechtliche Ausgestaltung der Subventionen notwendig.

Auf die weitreichenden Einflußmöglichkeiten des Hoheitsträgers mit Hilfe von Gewährungen wurde eben bereits hingewiesen. Als erster zeigte

---

[27] Vgl. *Menger* DVBl 1960, 302.

[28] Darauf weisen *Henze*, a. a. O., S. 16 ff.; *Ipsen*, Subv. S. 1 = DVBl 1956, 461; *Hansmeyer*, Subventionen, S. 19; *Isay*, a. a. O., S. 415 f.; *Meinhold*, a. a. O., S. 246; *Neumann*, a. a. O., S. 15; *Reuter*, a. a. O., S. 108; *Scheuner* VVDStRL 11, 2 ff., insbes. S. 40, hin.

[29] *Erler*, Int. Finanzhilfe, S. 37, bezeichnet sie deshalb treffend als „Mittel der lautlosen Gewalt".

[30] *Isay*, a. a. O., S. 421.

[31] Dazu *Krüger* DVBl 1955, 380 ff.

[32] *Neumann*, a. a. O., S. 39; *Scheuner* VVDStRL 11, 41.

[33] *Köttgen*, DVBl 1953, 486. Einen guten Überblick bietet die Zusammenstellung von *Nischk*, a. a. O. S. außerdem Antwort des Bundesministers der Finanzen auf die Kleine Anfrage der Fraktion der Deutschen Partei betr. Subventionen im Bundeshaushalt (Deutscher Bundestag, III. Wahlper., Drucks. 1229) und *Menzel* a. a. O., S. 15 ff.

Forsthoff die gewichtige Stellung der gewährenden Verwaltung auf[34], deren Leistungen für den Bürger zur Existenzfrage geworden sind, was in dem von *Forsthoff* geprägten Begriff der Daseinsvorsorge gut zum Ausdruck kommt. Der daraus entspringenden Macht der gewährenden Verwaltung müssen in einem Rechtsstaat rechtliche Bindungen auferlegt werden, die eine mißbräuchliche Ausnutzung gegenüber den einzelnen verhindern. Nun hat aber die Leistungsverwaltung in jüngster Zeit eine so stürmische Entwicklung erlebt, daß die rechtliche Durchdringung der Materie damit noch nicht Schritt halten konnte. Die Subventionen geben dafür ein schlagendes Beispiel ab[35]. Eine ganze Reihe von Rechtsfragen sind noch ungeklärt[36].

Hervorzuheben sind vor allem die Fragen nach dem Erfordernis einer gesetzlichen Grundlage[37], nach der Vereinbarkeit mit der bundesstaatlichen Kompetenzverteilung[38], nach der haushaltsrechtlichen Behandlung[39] und nach dem Bestehen eines Rechtsanspruches auf Subventionierung[40]. Nicht zuletzt aber macht noch das Problem der Rechtsform der Subventionen zu schaffen. Die juristische Konstruktion dieser Rechtsverhältnisse soll daher im folgenden unter die Lupe genommen werden. Zunächst ist hierfür ein Überblick über den Stand der Meinungen zu diesem Problem nötig.

[34] Die Verwaltung als Leistungsträger, insbes. S. 7 ff.

[35] Vgl. *Krüger* DVBl 1955, 380.

[36] In diesem Sinne noch in letzter Zeit von *Münch* JZ 1960, 303; *Stern* JZ 1960, 519.

[37] Dieses Problem wurde neben der Rechtsform am häufigsten erörtert. Aus Schrifttum und Rechtsprechung seien erwähnt: *Bachof*, VVDStRL 12, 55 ff.; *Bellstedt* DÖV 1961, 161; *Czermak* NJW 1961, 1760; *Hamann* BB 1962, 505; derselbe, GG, Anm. B 3 zu Art. 20; derselbe, DVBl 1963, 488 ff.; *Henze*, a. a. O., S. 20 ff.; *Ipsen*, Subv., S. 33 ff. = DVBl 1956, 498 ff.; *Jesch*, a. a. O., S. 175 ff.; *Köttgen*, DVBl 1953, 485, 487; *Lerche* NJW 1961, 1985; *Franz Mayer*, a. a. O., S. 193 ff.; *Menger* DVBl 1960, 297, 302; derselbe, VArch Bd. 52 (1961) S. 196; *Mühl*, a. a. O., S. 189 f.; *Peters*, F. S., S. 206 ff.; *Reuß*, a. a. O., S. 15 f.; *Rinck*, a. a. O., S. 105 f.; *Scholz*, a. a. O., S. 141 ff.; *Spanner*, Juristentag, S. 6 ff., insbes. S. 12; *Stern* JZ 1960, 521 ff.; *Witten* DVBl 1958, 699 f.; BVerwG (Urt. v. 21. 3. 1958) BVerwGE 6, 282 = NJW 1958, 1153; (Urt. v. 19. 12. 1958) NJW 1959, 1098 = DÖV 1959, 706; (Urt. v. 20. 1. 1961) BVerwGE 12,16 = NJW 1961, 1785; VGH Kassel (Urt. v. 29. 11. 1962) DVBl 1963, 443 = DÖV 1963, 880; OVG Münster (Urt. v. 30. 4. 1963) DVBl 1963, 860; VG Frankfurt/Main (Urt. v. 12. 1. 1960) DVBl 1961, 52.

[38] S. *Hamann*, GG, Anm. B 3 zu Art. 20; derselbe, DVBl 1963, 487 f.; *Henze*, a. a. O., S. 23 ff.; *Kölble* DÖV 1962, 661 ff.; *Maunz* in *Mang-Maunz — Mayer — Obermayer*, a. a. O., S. 473; BayVGH (Urt. v. 5. 12. 1960) BayVBl 1961, 87 = DVBl 1961, 51.

[39] Der Problembereich überschneidet sich mit der Frage nach der gesetzlichen Ermächtigung. Vgl. *Bellstedt* DÖV 1961, 170 f.; *Hamann*, GG, Anm. B 5 und 6 zu Art. 115; *Jesch*, a. a. O., S. 180 ff.; *Reuter*, a. a. O., S. 153 ff. und 242 ff.; *Stern* JZ 1960, 521 ff.; *Wacke* DÖV 1955, 581.

[40] *Rinck*, a. a. O., 106 f.; *Stern* JZ 1960, 557 ff.; BGH (Urt. v. 30. 4. 1959) NJW 1959, 1429; ferner unten S. 80.

KAPITEL II

Die Rechtsform der Subventionen — Der Stand der Meinungen

1. Privatrechtliche Rechtsform

Noch nach dem Zweiten Weltkriege ging die herrschende Meinung von einer rein privatrechtlichen Rechtsform der Subventionen aus[41]. Als die Zweistufenlehre in der Folgezeit an Boden gewann, hielt lediglich *Flessa* an einer privatrechtlichen Betrachtungsweise fest[42]. Im übrigen aber rückte das Schrifttum und bald auch die Rechtsprechung von der Verwendung rein privatrechtlicher Formen ab.

2. Gemischte Rechtsformen

a) Die Zweistufenlehre

Wie bereits betont, brachte *Ipsen* die Diskussion über die Rechtsform der Subventionen in Gang. Die zunächst hauptsächlich für die Filmbürgschaften gedachte Konstruktion aus öffentlich-rechtlichen und privatrechtlichen Bestandteilen[43] dehnte er in seiner Monographie aus dem Jahre 1956[44] auf alle Arten von Subventionen aus. Lediglich für die verlorenen Zuschüsse sollte eine rein öffentlich-rechtliche Betrachtungsweise am Platze sein[45].

Die *Ipsen*sche gemischte Rechtsform gliedert sich in einen hoheitlichen Entstehungsakt und ein privatrechtliches „Erfüllungsgeschäft".

Den Entstehungsakt sieht *Ipsen* als Verwaltungsakt an, während das „Erfüllungsgeschäft" ein bürgerlich-rechtliches Schuldverhältnis darstellen soll[46]. Die Besonderheit dabei ist, daß der hoheitliche Akt nicht unmittelbar privatrechtliche Rechtsbezeichnungen zwischen den Beteiligten herstellt. Vielmehr ist dazu erst noch ein besonderer bürgerlich-rechtlicher Vertragsschluß nötig. Auf der ersten Stufe erläßt der Hoheitsträger den Verwaltungsakt, auf der zweiten schließt er den Vertrag mit dem Staatsbürger. Auf Grund dieser Konstruktion bürgerte sich bald der Ausdruck „Zweistufenlehre" ein. Diese Lehre fand viele Anhänger[47]. Einige setzten

---

[41] Vgl. *Kegel* JZ 1951, 385; *Römer* BB 1950, 97 (allerdings mit Einschränkungen). Für die frühere Zeit s. vor allem *Fleiner,* a. a. O., S. 126 f.

[42] *Flessa* NJW 1954, 538 und DVBl 1957, 127.

[43] Rechtsgutachten, S. 6.

[44] Subv. = DVBl 1956, 461 ff., 498 ff., 602 ff.; insbes. Subv. S. 62 = DVBl 1956, 603; s. auch *Ipsen* ArchöffR Bd. 39 n. F. (1952/53) S. 292 f.

[45] *Ipsen,* Subv. S. 63 = DVBl 1956, 604 f.

[46] Daher der Titel der Dissertation des Verf.: „Bürgerlichrechtliche Schuldverhältnisse zwischen Hoheitsträger und Staatsbürger auf Grund Verwaltungsakts?". Die Erwähnung von Hoheitsträger und Staatsbürger sollte zum Ausdruck bringen, daß es sich um ein zweiseitiges Rechtsverhältnis zwischen diesen beiden Rechtssubjekten handelt.

[47] *Bellstedt* DÖV 1961, 168; *Henze,* a. a. O., S. 43 ff.; *Isay,* a. a. O., S. 419; *Kötter-Ziemer-Siara,* a. a. O., Anm. 2 A II und 2 B I zu § 29 IHG; *Dürig* in

sich sogar dafür ein, die Zweistufenlehre auf andere Rechtsverhältnisse als die Subventionen anzuwenden[48][49]. Die *Ipsen*sche Lehre fand auch Eingang in die Rechtsprechung[50].

Wenn *Ipsen* den privatrechtlichen Teil des zweistufigen Rechtsverhältnisses als „Erfüllungsgeschäft" kennzeichnet, so soll das nicht heißen, daß der Abschluß des privatrechtlichen Vertrages die öffentlich-rechtlichen Beziehungen zwischen subventionierendem Hoheitsträger und Subventionsempfänger beendet. Vielmehr soll der Ausdruck „Erfüllungsgeschäft" nur die „Zweistufigkeit des Gesamtvorganges und die innere Abhängigkeit beider Rechtsgestaltungen voneinander" kennzeichnen[51]. Am entschiedensten verficht *Hamann*[52] die Verschränkung der beiden Bestandteile des Rechtsverhältnisses. Nach ihm besteht nicht nur das öffentlich-rechtliche Element nach Abschluß des zivilrechtlichen Vertrages fort, sondern es wirkt derart auf die zivilrechtlichen Beziehungen ein, daß diese sich als bloße „Form" darstellen.

b) Die einstufige Konstruktion

Während das BVerwG im Beschl. des IV. Senats vom 9. 6. 1959[53] noch den Streit über den Erlaß oder die Abänderung der Zinsen für ein Aufbaudarlehen als bürgerliche Streitigkeit betrachtete, rechnete der

---

Maunz-Dürig, a. a. O., Anm. 137 zu Art. 1 Abs. 3 f.; *Menger* DÖV 1955, 591; *Merk* VVDStRL 11, 129 f.; *Reuter*, a. a. O., S. 218 f., insbes. S. 230; *Rinck*, a. a. O., S. 108; *Scholz*, a. a. O., S. 149 f.; *Schüle* VVDStRL 11, 98; *Stern* JZ 1960, 560; *Werner*, a. a. O., S. 107; *H. J. Wolff*, Lb, S. 86 u. a. m.

[48] Wegen der Vergabe öffentlicher Aufträge s. unten S. 16 ff.

[49] Hier sind vor allem *Raiser* JZ 1959, 407 ff. (für Veräußerung von staatseigenem Siedlungsgelände); *Modest*, a. a. O., Anm. 11 zu 48 (für die „Übernahmeverträge" nach dem Getreidegesetz) und *Plewnia* NJW 1959, 1406 (für den Ankauf von Inlandsgetreide durch die Einfuhr- und Vorratsstelle) zu nennen.

[50] Bei Subventionen: BVerwG (Beschl. v. 9. 6. 1959) DVBl 1959, 665 m. Anm. *Flessa* DVBl 1960, 137; BGH (Urt. v. 26. 6. 1961) MW 1961, 1143; (Urt. v. 7. 11. 1963) NJW 1964, 196. Weitere Entscheidungen, vor allem zur Rechtsnatur der Bewilligung als Verwaltungsakt, finden sich bei *Ule*, VwGO, Anm. II zu § 40.

Bei der Vergabe öffentlicher Aufträge: BVerwG (Urt. v. 6. 6. 1958) BVerwGE 7, 87 = NJW 1959, 115 m. Anm. *Obermayer* = DÖV 1958, 667 m. Anm. *Flessa* DÖV 1959, 106; aber aufgegeben durch Urt. v. 8. 3. 1962 BVerwGE 14, 65 = NJW 1962, 1535 (dazu Verf. NJW 1962, 2231).

Beim gesetzlichen Vorkaufsrecht der öffentlichen Hand: VG Neustadt a. d. Weinstraße (Urt. v. 7. 8. 1962) DVBl 1962, 761 m. Anm. Verf. DVBl 1963, 34.

[51] *Ipsen*, Subv. S. 86, insbes. Fußn. 129 = DVBl 1956, 609. *Henze*, a. a. O., S. 85 ff., geht ebenfalls von einem Nebeneinander öffentlich-rechtlicher und privatrechtlicher Beziehungen aus. Das übersah Verf., Diss., S. 32, Fußn. 2 ebenso wie *Ipsen*, a. a. O.

[52] BB 1953, 865. Ähnlich neuerdings auch *Reuß*, a. a. O., S. 53 f.

[53] DVBl 1959, 665 m. Anm. *Flessa* DVBl 1960, 137; ebenso OVG Berlin (Urt. v. 29. 10. 1959) DVBl 1961, 209 für Wohnungsbaudarlehen.

VIII. Senat dieses Gerichtes im Urt. v. 31. 8. 1961[54] diese Streitigkeit bereits dem öffentlichen Recht zu. In einer Anmerkung zu dieser Entscheidung[55] stimmte *Obermayer* dem zu und begründete seine Ansicht damit, daß der Bewilligungsbescheid, der den Zinssatz festlegt, als Verwaltungsakt nur wieder durch eine öffentlich-rechtliche Maßnahme abgeändert werden kann[56]. Die Verbindlichkeit dieses abändernden Aktes im Rahmen des privatrechtlichen Schuldverhältnisses, das *Obermayer* nach wie vor neben dem Verwaltungsakt der Bewilligung im Normalfall einer Subvention annehmen will, erzielt er dadurch, daß er dem abändernden Verwaltungsakt ebenso wie dem Bewilligungsbescheid unmittelbar privatrechtsgestaltende Wirkung beimißt. Ein besonderer zivilrechtlicher Vertragsabschluß ist dann nicht erforderlich. Vielmehr ersetzt der Bewilligungsbescheid eine privatrechtliche Willenserklärung[57], so daß mit der Annahme durch den Bürger das bürgerlichrechtliche Schuldverhältnis zustande kommt.

Das Handeln des subventionierenden Hoheitsträgers rechnet *Obermayer* demgemäß in seiner Gesamtheit dem öffentlichen Recht zu. Die zweite Stufe der *Ipsen*schen Konstruktion, der zivilrechtliche Vertragsabschluß, zu dem sich der Hoheitsträger gewissermaßen auf die Ebene der Gleichordnung „herabbegibt", entfällt auf diese Weise vollständig. *Obermayer* vertritt in Wahrheit also eine einstufige Konstruktion[58], auch wenn er diese noch als Ausgestaltung der Zweistufentheorie bezeichnet[59].

3. Öffentlich-rechtliche Rechtsformen

a) Die in der Schweiz vertretene Auffassung

Die Struktur der Schweizer Rechtsordnung gleicht in großem Maße der deutschen, insbesondere wurde die Schweizer Verwaltungsrechtslehre weitgehend von der deutschen beeinflußt und bestimmt[60]. Die Schweizer Rechtsordnung weist ebenso wie die deutsche den grundlegenden Unterschied zwischen öffentlichem und privatem Recht auf[61]. Die beiden Rechtsbereiche werden in der Schweiz ähnlich voneinander abgegrenzt wie in Deutschland, wenn sich auch gewisse Abweichungen feststellen

---

[54] BVerwGE 13, 47 = NJW 1962, 170 = JZ 1962, 374 m. Anm. *Obermayer* = DVBl 1962, 134 m. Anm. *Ipsen.* Vgl. dazu auch *Menger* VArch Bd. 53 (1962) S. 278, der in dem Urteil einen deutlichen Wandel der Anschauungen erblickt.

[55] JZ 1962, 376 ff.

[56] A. a. O., S. 378.

[57] *Obermayer,* a. a. O., S. 377.

[58] So schon BGH (Urt. v. 16. 2. 1956) BGHZ 20, 77 = DÖV 1956, 367 = NJW 1956, 670 für die „Übernahmeverträge" im Anschluß an *Siebert,* F. S., S. 224; s. dazu Verf., Diss., S. 17 ff. und 30.

[59] *Obermayer* JZ 1962, S. 379.

[60] *Imboden,* a. a. O., S. 30.

[61] *Giacometti,* a. a. O., S. 91 ff.; *Kistler,* a. a. O., S. 32; *Ramstein,* a. a. O., S. 12; *Ruck,* a. a. O., S. 36 f.; *Schindler,* a. a. O., S. 132.

lassen[62]. Von „prinzipiellen Struktureigenarten“[63] des schweizerischen Rechtes kann jedenfalls nicht die Rede sein.

Ipsen leitet diese Ansicht aus der besonderen Regelung der öffentlichen und gemischtwirtschaftlichen Unternehmungen im Schweizer Obligationenrecht her. Die besondere Behandlung einer solchen Spezialfrage kann aber kaum zum Anlaß dafür genommen werden, „prinzipielle Struktureigenarten“ des schweizerischen Rechtes anzunehmen. Überdies geht aus den Ausführungen *Ipsens* zu diesem Punkt nicht klar hervor, worauf nun eigentlich die grundsätzliche Eigenart der Regelung der öffentlichen und gemischtwirtschaftlichen Unternehmungen im Schweizer Obligationenrecht beruhen soll, da er diese Sonderbehandlung gleichzeitig als „publizistisch beeinflußtes Sonderprivatrecht“ und als Beispiel „spezifischer Formen öffentlich-rechtlicher Beziehungen“ bezeichnet[64].

Bei der weitgehenden Übereinstimmung der Struktur des schweizerischen und des deutschen Rechtes und damit auch der Abgrenzungsprobleme, die sich aus der Einteilung in öffentliches und privates Recht ergeben, erscheint eine rechtsvergleichende Betrachtung durchaus angebracht. Während in Deutschland erst in allerjüngster Zeit rein öffentlichrechtliche Konstruktionen an Boden gewinnen[65], hat sich in der Schweiz bei Subventionsverhältnissen schon seit langem die rein öffentlich-rechtliche Betrachtungsweise durchgesetzt[66]. Dies ist deshalb für die Untersuchung der Rechtsform der Subventionen in Deutschland von großer Bedeutung, weil das Schweizer Beispiel zeigt, daß eine rein öffentlichrechtliche Lösung auf die Dauer zu praktikablen Ergebnissen führt[67].

b) Rein öffentlich-rechtliche Konstruktionen im deutschen Rechtsgebiet

Nach Schweizer Vorbild vertrat der Verfasser auch für das deutsche Rechtsgebiet eine rein öffentlich-rechtliche Behandlung der Subventionen[68], nachdem bereits vorher einige kritische Stimmen zu den gemischten

---

[62] Vgl. dazu *Germann*, a. a. O., S. 199; *Giacometti*, a. a. O., S. 96 ff.; *Ramstein*, a. a. O., S. 13 ff.; *Ruck*, a. a. O., S. 37; *Schweizer* BGE 40 II 83 (85) (v. 7. 2. 1914); 43 II 114 (117 f.) (v. 3. 2. 1917); 47 II 466 (469) (v. 22. 9. 1921); 56 II 303 (308) (v. 30. 9. 1930); 62 II 291 (v. 23. 10. 1936).

[63] So *Ipsen*, Subv., S. 67 = DVBl 1956, 604 Fußn. 103.

[64] *Ipsen*, ebenda.

[65] Die früher in diese Richtung gehende Anregung von *Schelcher* (Fischers Ztschr., Bd. 20, S. 103 ff.) blieb ohne Widerhall. Für Österreich vgl. *Layer*, a. a. O., S. 50 f.; *Tezner*, ArchöffR 9 (1894) S. 525 ff.

[66] *Imboden*, a. a. O., S. 158, 162, 208 (allerdings mit gewissen Einschränkungen); *Kistler*, a. a. O., S. 32 f.; *Matti*, a. a. O., S. 13, 39; *Osterwalder*, a. a. O., S. 66 ff.; *Schindler*, a. a. O., S. 132; *Schweizer* BGE 50 II 293 (v. 9. 7. 1924); 62 II 291 (v. 23. 10. 1936).

[67] Vgl. dazu im einzelnen *Schindler*, a. a. O., S. 299 ff.

[68] Verf., Diss., S. 85; dazu *Bitter* DVBl 1960, 334; s. auch Verf. NJW 1962, 2233.

Konstruktionen laut geworden waren[69]. In der Zwischenzeit hat die öffentlich-rechtliche Auffassung mehr Anhänger gewonnen[70]. Für eine Unterart der Subventionen, für die verlorenen Zuschüsse nämlich, wurde allerdings stets auch von den Verfechtern der gemischten Rechtsform eine rein öffentlich-rechtliche Einordnung für richtig gehalten[71].

Bei den Befürwortern einer rein öffentlich-rechtlichen Lösung gehen allerdings die Meinungen darüber auseinander, welche der möglichen öffentlich-rechtlichen Gestaltungen für die Subventionen die richtige sei. Es werden öffentlich-rechtliche Leistungsverhältnisse[72] auf Grund Verwaltungsakts, öffentlich-rechtliche Verträge und sogar aus Verwaltungsakt und öffentlich-rechtlichem Vertrag gemischte Rechtsverhältnisse angenommen. Freilich wird man wohl die Annahme öffentlich-rechtlicher Leistungsverhältnisse auf Grund Verwaltungsakts als vorherrschend bezeichnen können[73].

Gelegentlich wird jedoch auch die Ansicht vertreten, es handele sich um öffentlich-rechtliche Verträge[74]. Aus Verwaltungsakt und öffentlich-

---

[69] *Imboden*, a. a. O., S. 160, bezeichnete die Zweistufenlehre als eine kaum den praktischen Gegebenheiten konforme begriffliche Konstruktion. S. ferner *Clasen*, DÖV 1959, 281; *Jentsch* DÖV 1956, 300; *Spanner* DVBl 1958, 725.

[70] *Eyermann-Fröhler*, Komm. zur VwGO, 3. Aufl., 1962, Rdn. 46 zu § 40 (allerdings mit Einschränkungen bei der Einschaltung von Banken); *Haas*, DVBl 1960, 307; *Maunz* BayVBl 1962, 3 und in *Mang-Maunz-Mayer-Obermayer*, a. a. O., S. 473; *Schaumann*, JuS 1961, 111; *Soergel-Glaser*, a. a. O., Rdn. 46 zu § 839; OVG des Saarlandes (Urt. v. 6. 8. 1959) DÖV 1959, 708.

Vgl. auch *Baur* JZ 1963, 44, der nur entweder eine rein privatrechtliche oder eine rein öffentlich-rechtliche Betrachtungsweise für richtig hält. Der BayVerfGH ließ in seinem Beschluß v. 28. 9. 1960, NJW 1961, 163 = DÖV 1960, 833 = BayVBl 1961, 19, die Frage dahingestellt, weil der zur Entscheidung stehende Fall nicht zur Stellungnahme zwang. Bemerkenswert sind in diesem Zusammenhang schließlich die Urt. des BVerwG v. 23. 7. 1958 (BVerwGE 7, 180), v. 31. 8. 1961 (BVerwGE 13, 47) und v. 23. 1. 1962 (BVerwGE 13, 307), die alle eine Annäherung an die öffentlich-rechtliche Theorie erkennen lassen, wenn sie auch noch keine Absage an die Zweistufenlehre enthalten.

[71] Vgl. *Henze*, a. a. O., S. 98 ff.; *Ipsen*, Subv., S. 63 = DVBl 1956, 604 f. Die Rechtsprechung stimmt damit überein: BVerwG (Urt. v. 15. 12. 1961) DÖV 1962, 388; BayVGH (Urt. v. 5. 12. 1960) BayVBl 1961, 87 = DVBl 1961, 51; (Urt. v. 25. 4. 1962) BayVBl 1962, 247; HessVGH (Urt. v. 21. 12. 1956) ESVGH 6, 231; OVG Hamburg (Urt. v. 25. 5. 1960) DVBl 1961, 92; OVG Lüneburg (Urt. v. 5. 8. 1960) DVBl 1961, 91.

[72] Dieser Begriff wird im Anschluß an *Scheuner* DÖV 1957, 383 verwendet.

[73] So *Eyermann-Fröhler*, a. a. O., Rdn. 44 u. 45 zu § 42; *Henze*, a. a. O., S. 99 für die verlorenen Zuschüsse; *Ipsen*, Subv., S. 70 = DVBl 1956, 605 ebenfalls für die verlorenen Zuschüsse, soweit diese nicht unter mitbestimmender inhaltlicher Ausgestaltung durch den Subventionsempfänger zustande kommen; Verf., Diss., S. 87; BayVGH (Urt. v. 25. 4. 1962) BayVBl 1962, 247.

[74] So *Baur*, JZ 1963, 44, im Falle öffentlich-rechtlicher Gestaltung; *Ipsen*, Subv., S. 70 = DVBl 1956, 605 bei Mitwirkung des Bürgers an der inhaltlichen Ausgestaltung; OVG des Saarlandes (Urt. v. 6. 8. 1959) DÖV 1959, 708. Den

rechtlichem Vertrag gemischte Rechtsverhältnisse erachtet bei den Subventionen *Maunz* für gegeben[75].

KAPITEL III

Der Anwendungsbereich der Rechtsform

1. Lösung nur für den Einzelfall?

Angesichts der mannigfaltigen Gestaltungsmöglichkeiten könnte man auf den Gedanken kommen, die Frage nach der anzuwendenden Rechtsform ließe sich nur jeweils von Fall zu Fall beantworten. Allein die konkrete Ausgestaltung eines Rechtsverhältnisses entscheide über die Rechtsform, so daß eine Lösung ausschließlich für den Einzelfall möglich wäre. Eine generell anwendbare bestimmte Rechtsform wäre dann ausgeschlossen.

Dagegen spricht jedoch, daß es im Interesse des Staates wie des Bürgers liegt, wenn die auf ein Rechtsverhältnis anzuwendende Rechtsform für den Regelfall klar feststeht. Sowohl der Staat als auch der Bürger können sich auf die sich daraus ergebenden Folgen einstellen. Der Hoheitsträger wird bei Subventionierungsmaßnahmen gewissermaßen in ein festes Korsett eingefügt, wenn er sich einer bestimmten Rechtsform bedienen muß. Deshalb ist eine Lösung lediglich für den Einzelfall abzulehnen. Die typischen Subventionsfälle sind vielmehr gleich zu behandeln: Es ist stets eine bestimmte Rechtsform anzuwenden.

Das soll freilich nicht heißen, daß ausnahmslos in allen Fällen der Subventionierung ein und dieselbe Rechtsform am Platze wäre. Dies wäre mit zu großer Starrheit und Unelastizität verbunden. Immerhin aber sollten die Ausnahmen nur da gemacht werden, wo ganz besondere Anhaltspunkte vorhanden sind, die eine vom Normalen abweichende Behandlung dieser Rechtsverhältnisse rechtfertigen. Selbst wenn solche Anhaltspunkte gegeben sind, sollte nur eine Rechtsform gewählt werden, die auch praktikabel und geeignet ist, die auftauchenden Probleme befriedigend zu bewältigen.

---

besonderen Fall eines Vergleiches über Subventionen behandelte VG Frankfurt/Main im Urt. v. 22. 4. 1960 (BB 1960, 1040). Es betrachtete den Vergleich als öffentlich-rechtlichen Vertrag. Vgl. ferner noch *Schelcher*, Fischers Ztschr. Bd. 26, S. 105 f.

Von den Schweizer Autoren, die sich für einen öffentlich-rechtlichen Vertrag aussprechen, seien *Imboden*, a. a. O., S. 162 u. 208 u. *Kistler*, a. a. O., S. 71 ff., hier erwähnt, die allerdings beide Ausnahmen zulassen. Gegen die Annahme eines öffentlich-rechtlichen Vertrages wenden sich jedoch in der Schweiz: *Matti*, a. a. O., S. 129; *Osterwalder*, a. a. O., S. 71; *Schindler*, a. a. O., S. 137.

[75] BayVBl 1962, 3 u. in *Mang- Maunz-Mayer-Obermayer*, a. a. O., S. 473.

Es entspricht durchaus der herrschenden Meinung, die einmal für richtig gefundene Rechtsform auf alle Subventionsverhältnisse anzuwenden, soweit nicht ganz besondere Gründe eine andersartige Beurteilung bedingen. Dies läßt sich daraus entnehmen, daß man im allgemeinen von einer gleichen Behandlung der Subventionen ausgeht, ohne überhaupt die Frage nach der generellen Anwendbarkeit einer Rechtsform aufzuwerfen. Lediglich bei den verlorenen Zuschüssen wird hin und wieder erörtert, ob sich die Frage nach der Rechtsform generell beantworten läßt[76].

Der erste, der dieses Problem für die Subventionen insgesamt aufwirft, ist *Obermayer*[77]. Er beschränkt sich allerdings darauf, die grundsätzliche Möglichkeit zu betonen, verschiedene Rechtsformen für die Subventionen zu verwenden.

Die vorliegende Arbeit stellt es sich jedenfalls zur Aufgabe, eine bestimmte Rechtsform zu finden, die im Normalfall einer Subvention zum Zuge kommen soll. Eine andere Gestaltung des Rechtsverhältnisses wird nur dann für vertretbar gehalten, wenn außergewöhnliche Umstände dazu Anlaß geben und diese Gestaltung den praktischen Anforderungen gerecht wird.

2. Der Begriff der Subvention

Die notwendige Folge einer solchen Gleichbehandlung ist es, die Subventionen von Rechtsverhältnissen anderer Art abzugrenzen, um den Anwendungsbereich der für richtig gehaltenen Rechtsform festzulegen. Daher ist eine Begriffsbestimmung der Subvention erforderlich. Nun ist aber gerade der Begriff der Subvention ungeheuer umstritten. Die Ansichten, was darunter fällt, gehen weit auseinander. Gelegentlich wird sogar die Möglichkeit, den Begriff zu umreißen, überhaupt verneint[78]. Es geht jedoch nicht an, vor den Schwierigkeiten, die sich bei der Begriffsbestimmung ergeben, zu kapitulieren, wenn davon die Anwendbarkeit der einen oder der anderen Rechtsform mit jeweils unterschiedlichen praktischen Auswirkungen abhängt. Trotz der bestehenden Schwierigkeiten muß eine Definition gefunden werden[79]. Daß diese Definition nicht den Anspruch erheben kann, allgemeingültig und für jeden Fall den Begriff der Subvention festzulegen, ergibt sich schon daraus, daß die Begriffsbestimmung vom Zweck des zu bildenden Begriffes her erfolgen muß und demgemäß nur beschränkte Bedeutung haben kann[80]. Der Zweck der Definition der Subvention ist hier, den Anwendungsbereich einer be-

[76] So vor allem *Ipsen*, Subv. S. 70 = DVBl 1956, 605.

[77] JZ 1962, 379.

[78] So beispielsweise *Welter* BB 1962, 496, obwohl er selbst die Notwendigkeit der Begriffsbestimmung betont (a. a. O., S. 493). Dazu Jörg *Fischer* und *Welter* BB 1962, 1185.

[79] So auch *Jörg Fischer* BB 1962, 1186.

[80] Vgl. *Engisch*, a.a.O., S.69 ff. Zw. daher *Hamann* DVBl 1963, 492, der für einen einheitlichen Subventionsbegriff eintritt.

stimmten Rechtsform abzustecken. Darauf muß bei der Suche nach Abgrenzungskriterien Rücksicht genommen werden.

Ausgangspunkt der Begriffsbildung sollte der allgemeine Sprachgebrauch sein[81]. Danach sind unter Subventionen Beihilfen aus öffentlichen Mitteln an Privatunternehmen oder Wirtschaftszweige zu verstehen, die über die allgemeinen Staatsleistungen hinausgehen[82]. Diesen Sprachgebrauch übernehmen die allgemeinen juristischen Definitionen der oberen Bundesgerichte weitgehend.

So wählte das BVerwG die Formulierung, daß es sich bei Subventionen um Leistungen der öffentlichen Hand zur Erreichung eines bestimmten, im öffentlichen Interesse gelegenen Zweckes handle, allerdings ohne damit endgültig umreißen zu wollen, was unter Subventionen fällt[83]. Der BGH sprach von „Stützungs- und Hilfsmaßnahmen für die Wirtschaft seitens des Staates"[84]. Eine solche Begriffsbestimmung ist jedoch nicht auf den Zweck zugeschnitten, den Anwendungsbereich einer bestimmten Rechtsform abzustecken. Dafür ist sie einmal zu allgemein gefaßt. Zum anderen sind bei der Wahl einer geeigneten Rechtsform keine Gründe ersichtlich, die zur besonderen Behandlung der Wirtschaftsförderung zwingen. Dies mag bei einem wirtschaftlichen Begriff[85] der Subvention von Bedeutung sein; hier jedenfalls ist die Begünstigung eines Wirtschaftsunternehmers, d. h. einer Person, die aktiv zum Zwecke der Gewinnerzielung am Wirtschaftsleben teilnimmt, nicht begriffswesentlich[86]. Wenn auch Subventionen in großem Umfange als Mittel der Wirtschaftslenkung eingesetzt werden, so kann doch die Problemlage in bezug auf die Rechtsform bei Zuwendungen der öffentlichen Hand zu anderen als Interventionszwecken die gleiche sein[87]. Dies trifft beispielsweise auf Darlehen und

---

[81] Zum Einfluß des allgemeinen Sprachgebrauches auf die juristische Begriffswelt *Engisch,* a. a. O., S. 69.

[82] Vgl. den Großen Brockhaus, a. a. O., sub verbo „Subvention", S. 316.

[83] DÖV 1959, 706 (Urt. v. 19. 12. 1958).

[84] DÖV 1959, 710 (Urt. v. 30. 4. 1959).

[85] Literaturnachweise bei *Hansmeyer,* Subventionen, S. 9 ff.; *Meinhold,* a. a. O., S. 236 ff.; *Welter* BB 1962, 493.

[86] A. A. in diesem Punkte *Hamann,* DVBl 1963, 493; *Ipsen,* Subv., S. 8 = DVBl 1956, 463; *Scheuner* VVDStRL 11, 40. *Ipsen* hält sich allerdings nicht immer daran. Z. B. bezeichnet er die staatliche Förderung von Privatschulträgern in Subv. S. 61 = DVBl 1956, 603, Fußn. 97 als Subventionierung. Einen Privatschulträger wird man aber kaum als Person bezeichnen können, die aktiv zum Zwecke der Gewinnerzielung am Wirtschaftsleben teilnimmt. Das gleiche gilt für die Personen, die sich ein Haus bauen oder eine Eigentumswohnung schaffen, in ihrer Eigenschaft als Wohnungsbauende. *Ipsen* betrachtet jedoch auch die Maßnahmen zur Förderung des Wohnungsbaues als Subventionen (Subv., S. 32 = DVBl 1956, 468 f.). *Haarmann,* DVBl 1956, 598 und *Henze,* a.a.O., S. 30 ff. rechnen die Förderung des Wohnungsbaues ebenfalls zu den Subventionierungsmaßnahmen.

[87] Darauf weist *Ipsen* (Subv., S. 32 = DVBl 1956, 469) selbst hin.

Stipendien der öffentlichen Hand zu Gunsten von Studenten oder auf die Gewährung von Zuschüssen an Jugendorganisationen zu.

Wenn *Stern* sich bei seinem rechtlichen Subventionsbegriff[88] eng an die wirtschaftswissenschaftliche Definition anlehnt[89] und nur Zuwendungen an Unternehmer zu Produktionszwecken darunter fallen läßt, die in die marktwirtschaftliche Wettbewerbslage eingreifen und eine Änderung des freien Zustandekommens von Sozialprodukt und Einkommen bewirken, so ist ein solcher Begriff in einem Zusammenhang von Nutzen, wo es auf die wirtschaftlichen Auswirkungen der Subventionen besonders ankommt, wie vor allem im Haushaltrecht[90]. Für die hier zu erörternde Frage jedenfalls ist die Zuwendung an Wirtschaftsunternehmer nicht erheblich[91].

Auf der anderen Seite geht es jedoch nicht an, unterschiedslos jede staatliche Förderungsmaßnahme dem Deutungsschema der Subvention zu unterwerfen. Die Lösung kann auch hier nur vom Zweck der Definition her gefunden werden. Da es sich um die Rechtsform dreht, haben Zuwendungen der öffentlichen Hand auszuscheiden, die bereits eine festgeformte, besonders ausgebildete Gestaltung aufweisen. Hierzu zählen beispielsweise die Leistungen der Sozialhilfe, der Sozialversicherung und der Kriegsopferversorgung[92]. Auch die normalen Lastenausgleichszahlungen (nicht aber Kredite aus Lastenausgleichsmitteln) fallen darunter. Die Subvention bildet demgegenüber ein weniger durchgebildetes, dafür aber auf einen weiteren Bereich anwendbares allgemeines Institut, das seinem Wesen gemäß einem speziell geformten Institut weichen muß.

Aus der Funktion des zu findenden Begriffes ergeben sich jedoch noch weitere Einschränkungen. Förderungsmaßnahmen des Staates, die keine selbständige Rechtsform bilden, können nicht als Subventionen im Sinne der hier notwendigen Definition betrachtet werden. Bei der Abgrenzung ist die Unterscheidung *Hubers* zwischen „direkten und indirekten Subventionen" von Nutzen[93].

Direkte Subventionen sollen nach *Huber* vorliegen, wenn den begün-

---

[88] JZ 1960, 519 ff.

[89] Kritisch *Welter* BB 1962, 494.

[90] Darauf sind die Ausführungen von *Stern*, a. a. O., auch offensichtlich abgestellt.

[91] Ebenso *Jesch*, a. a. O., S. 178; *Köttgen*, DVBl 1953, 490, der allerdings darauf hinweist, daß die Förderung eines Wirtschaftsunternehmers den Regelfall darstellt; vgl. auch *Matti*, a. a. O., S. 76 f.; *Schindler*, a. a. O., S. 146, und *Siebert*, F. S., S. 235.

[92] Ebenso *Kistler*, a. a. O., S. 24; *Siebert*, F. S., S. 235. Vgl. ferner *Köttgen* DVBl 1953, 490. Zur Darlehensgewährung im Rahmen der Fürsorge *Seibert*, Städtetag 1959, 484; VGH Kassel (Urt. v. 14. 1. 1960) DVBl 1960, 371.

[93] S. *Huber*, Bd. II, S. 258. Der Bundesminister der Finanzen unterschied in seiner Antwort auf die Kleine Anfrage der Fraktion der Deutschen Partei (Deutscher Bundestag, II. Wahlper., Drucks. 1229) zwischen „sichtbaren" und „unsichtbaren" Subventionen, was in etwa der Unterscheidung *Hubers* entspricht. *Rinck*, a. a. O., S. 102 folgt dieser Terminologie.

stigten Unternehmern geldliche Zuschüsse ohne Rückzahlungspflicht aus öffentlichen Mitteln gewährt werden, oder wenn ihnen Lieferungen zu verbilligten Preisen unter Deckung der Preisdifferenz aus öffentlichen Mitteln erbracht werden. Auch Entschuldungsaktionen fallen darunter. Indirekte Subventionen sind nach *Huber* Vergünstigungen, durch die der Empfänger einen Vorteil zu Lasten der öffentlichen Hand erlangt, ohne daß die Form des öffentlichen Zuschusses verwendet wird. Beispiele sind: Bevorzugung bei der Vergabe öffentlicher Aufträge, steuerliche Vergünstgungen wie Verzicht und Stundung von Abgaben, Gewährung von Vorzugstarifen bei der Inanspruchnahme öffentlicher Versorgungsunternehmen usw.

Diese „indirekten Subventionen" sind keine Subventionen im hier verstandenen Sinne. Sie sind Bestandteile eines einheitlichen Vorganges, der als Ganzes keine Subvention bildet. Da die Förderungsmaßnahme dieser Einheit angehört, kann sie nicht dem selbständigen Institut der Subvention unterfallen[94]. So sind der Verzicht und die Stundung von Steuern Bestandteile des Steuerrechtsverhältnisses und gehören damit dem Bereich des Steuerrechts an[95]. Die Vorzugstarife bei der Inanspruchnahme öffentlicher Versorgungsunternehmen können nicht aus diesem Benutzungsverhältnis herausgelöst werden. Die Bevorzugung bei der Vergabe öffentlicher Aufträge betrifft die Auswahl des Partners für den Abschluß eines Kauf- oder Werkvertrages und kann von diesem nicht getrennt werden. Es geht auch nicht an, wegen der Bevorzugung bei der Auswahl des Partners das gesamte Rechtsverhältnis als Subvention anzusprechen; denn es dient in erster Linie der Deckung des Sachbedarfs der Verwaltung. Die Bevorzugung einer bestimmten Person kann nur Nebenzweck sein. Der Ansicht *Ipsens*, der auch die sog. „Realförderung des Privaten", wozu er in der Hauptsache die Bevorzugung bei der Vergabe öffentlicher Aufträge zählt, als Subvention einordnet[96], ist daher nicht zu folgen[97]. Dies

[94] Ebenso *Kistler*, a. a. O., S. 20: „Lorsque la subvention est alloué à l'occasion d'un autre acte juridique (contrat de vente ou de prêt, souscription d'actions, prise en charge, etc.), nous avons affaire à des subventions cachées, car l'acte juridique garde le nom de contrat particulier, bien qu'il contienne un rapport de subventionnement. On n'emploie pas le terme de subvention pour désigner la prestation de l'Etat, mais on continue, dans le contrat de vente par exemple, de parler de prix, quoique ce prix constitue partiellement une subvention. Le rapport de subventionnement partage la condition juridique de l'acte dans lequel ist est incorporé. Nous n'examinerons pas davantage les subventions cachées, car elles n'intéressent pas le juriste dont le but est l'étude de l'institution de la subvention comme telle."

Vgl. auch *Rinck*, a. a. O., S. 102.

[95] Übereinstimmend *Hamann* DVBl 1963, 493 Fußn. 63.

[96] Subv. S. 55 = DVBl 1956, 504. Dem angeschlossen hat sich *Dürig* in *Maunz-Dürig*, a. a. O., Anm. 137 zu Art. 1 Abs. 3 GG. Zustimmend auch *Eyermann-Fröhler*, a. a. O., Rdn. 41 zu § 40; *Menger*, VArch. Bd. 50 (1959) S. 77 und ausdrücklich noch einmal VArch. Bd. 54 (1963) S. 99 gegen das BVerwG.

[97] Übereinstimmend *Henze*, a. a. O., S. 21.

gilt auch dann, wenn Gesetze vorschreiben, daß bestimmte Personenkreise bei der Vergabe eines Auftrages der öffentlichen Hand bevorzugt zu berücksichtigen sind[98], da selbst in diesem Falle der Hauptzweck die Deckung des Sachbedarfs der Verwaltung bleibt, so daß das Rechtsgeschäft als Ganzes nach wie vor nicht unmittelbar der Verwirklichung öffentlicher Anliegen dient[99].

Die Förderung muß nämlich unmittelbar im öffentlichen Interesse erfolgen[100], sonst liegt ein erwerbswirtschaftliches Handeln des Hoheitsträgers und damit keine Subvention vor. Nicht begriffsnotwendig ist aber im deutschen Rechtsgebiet, daß der Träger öffentlicher Verwaltung die mit der Zuwendung verfolgten Zwecke in die Form einer Bedingung kleidet[101], wie dies *Schindler* für das schweizerische Rechtsgebiet annimmt[102]. Es genügt die Zweckgebundenheit der Zuwendung.

Ein Vergleich mit der Schweizer Lehre ist noch in einem weiteren Punkt von Interesse. Einige Schweizer Autoren rechnen nämlich die Leistungen des Bundes an die Kantone sowie an andere Träger öffentlicher Verwaltung zu den Subventionen[103]. Soweit die Gliedstaaten des

---

98 In BVerwGE 5, 325 = NJW 1958, 394 (m. zust. Anm. *Stern* NJW 1958, 683) = DVBl 1958, 864 (mit im wesentlichen zust. Anm. *Bettermann*) = JZ 1958, 473 (Urt. v. 7. 11. 1957) wurde die Vergabe öffentlicher Aufträge im allgemeinen zu den bürgerlich-rechtlichen Handlungen des Staates gezählt, die dieser wie jeder andere Privatmann ausführt. Das BVerwG schloß allerdings die Möglichkeit nicht aus, daß auch einmal eine Subventionierungsmaßnahme vorliegen könne. Einen solchen Fall erachtete das BVerwG im Urt. v. 6. 6. 1958 (BVerwGE 7, 89 = DÖV 1958, 667 = NJW 1959, 115 m. zust. Anm. *Obermayer*) bei dem dort zur Entscheidung stehenden Sachverhalt für gegeben. Es handelte sich dabei um die bevorzugte Berücksichtigung bei der Vergabe eines Auftrages der öffentlichen Hand gemäß § 74 BVFG (G über Angelegenheiten der Vertriebenen und Flüchtlinge v. 19. 5. 1953 BGBl I S. 201, geändert durch G v. 3. 8. 1954 BGBl I S. 231 und durch G v. 27. 7. 1957 in der Fassung vom 14. 8. 1957, BGBl I S. 1215). Wenngleich die Entscheidung weitgehend Zustimmung fand (Fundstellen bei Verf. NJW 1962, 2232 Fußn. 11), hat doch das BVerwG in seinem Urteil vom 8. 3. 1962 (BVerwGE 14, 65 = NJW 1962, 1535) mit dieser Auffassung gebrochen (zust. *Hamann*, DVBl 1963, 492). Dazu ausführlich Verf. NJW 1962, 2231 ff. mit weiteren Nachweisen. Vgl. zur Vergabe öffentlicher Aufträge außerdem *Bender* JuS 1962, 178; *Forsthoff*, Auftraggeber.

99 Vgl. *Imboden*, a. a. O., S. 54.

100 *Bitter*, Diss., S. 139; *Siebert*, F. S., S. 235. Die Zwecke können dabei sehr mannigfaltiger Art sein. *Ipsen* (Subv. S. 45 ff. = DVBl 1956, 501 f.) zählt auf: Milderung von Not- und Krisenlagen (wobei die Grenze zur Fürsorge für Sozialschwache flüssig ist), Herbeiführen eines Ausgleiches zwischen verschiedenen Wirtschaftsgebieten, devisen- und währungspolitische Lenkungsmotive und -ziele, Behebung von Kriegsfolgen, Vermeidung sonst zwangsläufiger Verstaatlichung.

101 *Siebert*, F. S., S. 235.

102 A. a. O., S. 146. *Kistler*, a. a. O., S. 21 f., und *Matti*, a. a. O., S. 55, hingegen fordern auch für die Schweiz nur eine zweckgebundene Förderung.

103 So *Kistler*, a. a. O., S. 14; *Matti*, a. a. O., S. 13, 76 f.; a. A. hingegen *Schindler*, a. a. O., S. 146.

Bundes und Gemeinden Zuschüsse erhalten, handelt es sich jedoch um ein staatsrechtliches Problem, das in die Materie des Finanzausgleiches einzureihen ist[104]. Der Finanzausgleich gehört nicht zum Bereich des Subventionswesens[105]. Wenn andere Verwaltungsträger als Staaten und Gemeinden Zuweisungen bekommen, so fällt dies zwar nicht in den Rahmen des Finanzausgleiches, aber auch solche Vergünstigungen sind hier auszuklammern[106]. Es handelt sich um Angelegenheiten des Organisationsrechts, für das andere Prinzipien gelten als für die Subventionierung. Die Förderungsmaßnahmen müssen demzufolge Private begünstigen.

Eine bestimmte Art, wie die Vergünstigung zu gewähren ist, erscheint dabei nicht erforderlich, wenn es sich nur um ein besonderes Rechtsverhältnis handelt, für das auch eine eigene Rechtsform gefunden werden kann. Für eine Beschränkung auf Geldleistungen ohne Rückzahlungspflicht[107], die sog. verlorenen Zuschüsse, lassen sich keine Gründe finden. Für die Einstufung als Subvention ist die Zuwendung eines Vermögensvorteils wesentlich[108]. Dies kann auch in Gestalt von Krediten, Bürgschaften und Gewährleistungen geschehen[109].

Als Ergebnis kann nach den vorangegangenen Überlegungen festgehalten werden:

Will man mit dem Begriff der Subvention die Anwendbarkeit einer bestimmten Rechtsform auf eine Gruppe von Zuwendungen der öffentlichen Hand festlegen, so ist darunter eine unmittelbare Förderungsmaßnahme eines Hoheitsträgers zugunsten eines Privaten zum Zwecke der Wirtschaftslenkung oder auch zur Erreichung anderer im öffentlichen Interesse liegender Ziele zu verstehen. Die Vergünstigung kann in Gestalt von verlorenen Zuschüssen, von Krediten, Bürgschaften und Gewährleistungen gewährt werden. Förderungsmaßnahmen, die bereits eine speziell ausgestaltete Rechtsform aufweisen, sind auszuklammern. Hierzu zählen vor allem Sozialhilfe, Sozialversicherungs- und Versorgungsleistungen. Ebenso scheiden Zuwendungen aus, die keine besondere Rechts-

---

[104] *Bühler* im Bonner Kommentar zum GG, Vorbem. I zum Abschnitt X des GG, Anm. II zu Art. 106 GG.

[105] Ebenso *Ipsen,* Subv. S. 5 = DVBl 1956, 462.

[106] So zutreffend *Scheuner* VVDStRL 11, 40.

[107] So *Henze,* a. a. O., S. 27 f. und *Huber,* Bd. II, S. 258. Henze bleibt allerdings selbst seiner Begriffsbestimmung nicht treu, worauf *Ipsen* (Subv. S. 8 = DVBl 1956, 463 Fußn. 12) zu Recht hinweist. *Henze* bezeichnet nämlich auf S. 75 Kredite als Subventionen und rechnet Bürgschaften stillschweigend auch dazu (S. 71 ff.). Vgl. ferner *Rinck,* a. a. O., S. 103 f.

[108] Zutreffend OVG des Saarlandes (Urt. v. 6. 5. 1959) DÖV 1959, 708. In diesem Sinne auch *Hamann,* DVBl 1963, 493.

[109] Übereinstimmend BVerwG (Urt. v. 23. 7. 1958) BVerwGE 7, 180 (183) = NJW 1958, 2130. Die Kredite müssen dabei gar nicht unbedingt unter besonders günstigen Bedingungen vergeben werden, wie das BVerwG annimmt. Wenn dem Bürger sonst keine Kreditquellen offenstehen, stellt bereits die Möglichkeit, Kredit zu den üblichen Bedingungen zu erlangen, einen Vermögensvorteil dar.

form haben können, weil sie Bestandteil eines Rechtsverhältnisses sind, das als Ganzes keine Subvention bildet[110].

Zu beachten ist jedoch, daß diese Begriffsbestimmung keinen Anspruch darauf erhebt, einen allgemeingültigen Begriff der Subvention im Rechtssinne festzulegen. Sie gilt nur im Rahmen der angegebenen Funktion, und auch das lediglich im deutschen Rechtsbereich[111].

3. Die Arten von Subventionen

Es ist hier nicht der Ort, einen erschöpfenden Überblick über die Subventionierungsmaßnahmen in der Bundesrepublik zu geben. Dazu sind die Förderungsaktionen auch zu vielfältig[112]. Es sollen lediglich die verschiedenen Arten von Subventionen im hier verstandenen Sinne aufgezeigt werden. Man kann nach der unterschiedlichen Form der Vermögenszuwendung folgende Arten auseinanderhalten:

a) Verlorene Zuschüsse;
b) Kredite;
c) Bürgschaften;
d) Gewährleistungen.

Zu a): Verlorene Zuschüsse sind geldliche Zuwendungen ohne Rückzahlungspflicht oder Lieferungen zu verbilligten Preisen unter Deckung der Preisdifferenz aus öffentlichen Mitteln. Auch Zinszuschüsse und Entschuldungsaktionen fallen darunter[113].

Anschauliche Beispiele für verlorene Zuschüsse sind die verschiedenen Gasöl-Betriebsbeihilfen für die Landwirtschaft[114] (die in besonders hohem Maße gefördert wird)[115], die Fischerei[116], die Schiffahrt[117], für besonders

---

[110] Verf. nähert sich damit weitgehend *Siebert*, F. S., S. 235, der folgendermaßen definiert: „Unter einer Subvention ist die Förderung zu verstehen, die ein Träger öffentlicher Verwaltung in Verfolg wirtschaftlicher, sozialer und kultureller Zwecke einem Unternehmen (im weitesten Sinne) zur Stärkung seiner Leistungskraft zukommen läßt. Auszuscheiden hat also die soziale Fürsorge zugunsten von Hilfsbedürftigen und Versorgungsempfängern."

[111] Zum Begriff der Subvention im Recht der Europäischen Gemeinschaften *Hochbaum*, a. a. O. (dort auch eine interessante Zusammenfassung der französischen Auffassungen, S. 21 ff.); *Nissen* BB 1962, 1229; EurGH A. S. Bd. VII, S. 42 ff. u. a. *Hamann* (DVBl 1963, 492 f.) will hingegen den Subventionsbegriff, wie er vom EurGH gefunden wurde, auch für das deutsche Recht verwerten.

[112] Vgl. Bund als Finanzier; *Hamann* DVBl 1963, 487; *Hansmeyer*, Staatshilfen Landwirtschaft, insbes. S. 214 ff.; *Ipsen*, Subv. S. 25 ff. = DVBl 1956, 467 ff. *Menzel*, a. a. O., S. 15 ff.; *Nischk*, a. a. O.

[113] Nach *Huber* Bd. II, S. 258.

[114] VO über die Gewährung von Betriebsbeihilfe für Betriebe der Landwirtschaft, des Garten- und Weinbaues (Gasöl-Betriebsbeihilfe VO — Landwirtschaft) v. 25. 2. 1956 (BGBl I S. 87).

[115] Vgl. *Hansmeyer*, Staatshilfen Landwirtschaft; *Ipsen*, Subv., S. 25 f. = DVBl 1956, 467.

[116] VO über die Verbilligung von Dieselkraftstoff für die Große Hochsee-,

wichtige Wirtschaftsbetriebe[118] sowie für den Schienenverkehr[119]. Hier sind ferner die Zuschüsse zur Förderung des Bergarbeiterwohnungsbaues[120] und die Ausgleichsbeiträge an Hühnerhalter wegen der hohen Futtergetreidepreise[121] zu erwähnen. Auf dem kulturellen Sektor verdienen Stipendien, die von der öffentlichen Hand an förderungswürdige Studierende vergeben werden[122], und die Zuschüsse an Jugendorganisationen[123] besondere Beachtung.

Zu b): Nur solche Kredite zählen zu den Subventionen, die vorwiegend im öffentlichen Interesse, insbesondere zum Zwecke der Wirtschaftslenkung, aus öffentlichen Mitteln gewährt werden[124]. Nicht zu den Subventionen zu rechnen ist infolgedessen die normale Kreditvergebung durch staatliche, kommunale oder andere öffentliche Kreditinstitute[125]. Maßgebend ist dabei nämlich in erster Linie die kaufmännische Bonität des Kreditsuchenden. Mögen bei der Vergabe auch gesamtwirtschaftliche oder politische Gesichtspunkte mit hereinspielen, so stellen sie doch nicht den unmittelbaren Zweck der Leistung dar. Es handelt sich bei dieser vom Rentabilitätsstreben beherrschten Tätigkeit der Kreditinstitute um

---

Große Herings-, Kleine Hochsee-, Küsten- und Binnenfischerei (DKVO-Fischerei) v. 6. 6. 1951 (BGBl I S. 376).

[117] VO über die Verbilligung von Dieselkraftstoff für die See-, Küsten- und Binnenschiffahrt (DKVO-Schiff) v. 6. 6. 1951 (BGBl I S. 375) in der Fassung vom 13. 6. 1952 (BGBl I S. 334).

[118] VO über die Gewährung von Betriebsbeihilfe für Betriebe des Bergbaus, für Torf, Steine und Erden fördernde Betriebe, für Betriebe aller Art zum Antrieb von Maschinen für Stromerzeugung sowie für Betriebe der öffentlichen Wasserversorgung (Gasöl-Betriebsbeihilfe VO-Wirtschaft) v. 25. 2. 1956 (BGBl I S. 90).

[119] VO über die Gewährung von Betriebsbeihilfe für Verkehrsbetriebe mit schienengebundenen Fahrzeugen (Gasöl-Betriebsbeihilfe VO-Schienenverkehr) v. 25. 2. 1956 (BGBl I S. 93).

[120] § 2 Abs. 2 Satz 2 des Gesetzes zur Förderung des Bergarbeiterwohnungsbaues im Kohlenbergbau v. 23. 10. 1951 (BGBl I S. 865).

[121] Gesetz zur Förderung der deutschen Eier- und Geflügelwirtschaft v. 31. 3. 1956 (BGBl I S. 239) i. d. Fssg. d. G v. 27. 7. 1961 (BGBl I S. 1081), v. 26. 7. 1962 (BGBl I S. 465) und v. 14. 6. 1963 (BGBl I S. 401).

[122] Im Mittelpunkt steht die Förderung von Studenten nach dem sog. Honnefer Modell (s. dazu die Zusammenstellung der „Richtlinien zur Förderung von Studenten", herausgegeben vom Bundesminister des Inneren, Bonn 1961, insbes. die „Besonderen Bewilligungsbedingungen", Richtlinie Nr. III 3—33 435—3006 61 v. 1. März 1961 [S. 7 ff. der Zusammenstellung]).

[123] S. Erlaß des Bundesministers für Familien- und Jugendfragen über die Richtlinien für den Bundesjugendplan v. 16. 12. 1958 (GMBl 1959, S. 33 ff.); der 14. Bundesjugendplan v. 8. 3. 1963 findet sich im GMBl 1963, 122 ff. S. auch die in Fußn. 122 erwähnte Zusammenstellung, S. 43 ff.

[124] Vgl. *Kistler,* a. a. O., S. 17 f. Von Krediten spricht man, wenn Geldbeträge hingegeben werden, über die der Empfänger verfügen kann, die er aber nach einer bestimmten Zeit zurückzuzahlen hat.

[125] *Henze,* a. a. O., S. 27.

erwerbswirtschaftliche Betätigung der öffentlichen Hand[126], die nach der hier zugrunde gelegten Definition der Subvention auszuscheiden hat.

Die Subventionskredite können selbstverständlich vom subventionierenden Hoheitsträger unter Einschaltung von Banken als mittelbare oder unmittelbare Stellvertreter ausgegeben werden[127]. Es ist jedoch auch denkbar, daß die öffentliche Hand den Bürger begünstigt, indem sie lediglich einem Geldinstitut ein Darlehen gewährt, um diesem die Kreditvergabe im Interesse des Kreditsuchenden zu erleichtern. Diese besondere Art der Darlehenshingabe wird „Refinanzierung" genannt[128].

Beispiele für Subventionskredite lassen sich eine ganze Reihe aufzählen. So sind im Lastenausgleichsgesetz[129], im Bundesvertriebenengesetz[130] und im Bundesevakuierungsgesetz[131], ferner im Ersten[132] und Zweiten Wohnungsbaugesetz[133] sowie im Gesetz zur Förderung des Bergarbeiterwohnungsbaues im Kohlenbergbau sog. Aufbau- und Eingliederungs- bzw. Wohnungsbaudarlehen vorgesehen.

Wegen der eingehenden gesetzlichen Ausgestaltung sind die Kredite nach dem Gesetz über Darlehen zum Bau und Erwerb von Handelsschiffen[134] besonders einprägsame Anwendungsfälle. Aus dem kulturellen Bereich ist die Förderung von Studierenden durch Darlehen der öffentlichen Hand zu erwähnen[135].

Um Refinanzierungsdarlehen handelt es sich bei den sog. „Liquiditätskrediten" nach § 303 LAG[136]. Nach *Flessa*[137] pflegen auch die von der

---

[126] Dazu *Köttgen,* Die erwerbswirtschaftliche Betätigung der öffentlichen Hand und das öffentliche Recht, S. 14.

[127] Näheres dazu unten S. 89 ff.

[128] Dazu *Flessa* DVBl 1957, 118 f.

[129] §§ 254, 259 des Gesetzes über den Lastenausgleich (LastenausgleichsG — LAG) v. 14. 8. 1952 (BGBl I S. 448) i. d. Fssg. v. 26. 6. 1961 (BGBl I S. 785) sowie v. 4. 8. 1961 (BGBl I S. 1169).

[130] § 72 des Gesetzes über Angelegenheiten der Vertriebenen und Flüchtlinge (BundesvertriebenenG — BVFG) v. 19. 5. 1953 (BGBl I S. 201) i. d. Fssg. v. 23. 10. 1961 (BGBl I S. 1883).

[131] § 12 des Gesetzes v. 14. 7. 1953 (BGBl I S. 586) i. d. Fssg. v. 13. 10. 1961 (BGBl I S. 1866).

[132] § 3, 26 des 1. WoBauG v. 24. 4. 1950 (BGBl I S. 83) i. d. Fssg. v. 21. 7. 1961 (BGBl I S. 1041).

[133] §§21 Abs. 3, 42 des 2. WoBauG v. 27. 6. 1956 (BGBl I S. 523) i. d. Fssg. v. 1. 8. 1961 (BGBl I S. 1122).

[134] Gesetz vom 27. 9. 1950 (BGBl I S. 684); 1. DVO dazu v. 22. 12. 1950 (BGBl 1951 I S. 69).

[135] S. Richtlinie des Bundesministers des Inneren Nr. III 3—33 435—3006/61 v. 1. März 1961 unter E (s. die oben S. 20 Fußn. 122 zitierte Zusammenstellung, S. 13 ff.).

[136] *Flessa* DVBl 1957, 118 Fußn. 27. Vgl. dazu *Fauser-Käss,* a. a. O., Erl. zu § 303 LAG; *Spahn,* a. a. O., S. 13 ff.

[137] DVBl 1957, 118 und 119 Fußn. 32.

Kreditanstalt für Wiederaufbau[138] und vom ERP-Sondervermögen des Bundes[139] selbst gewährten Darlehen nur zur Erleichterung der Kreditsuche durch Privatpersonen im Wege der Refinanzierung hingegeben zu werden. Man wird in diesen Fällen aber im allgemeinen wohl eher normale Subventionsdarlehen annehmen müssen, die mit Hilfe von Banken als mittelbare oder unmittelbare Stellvertreter[140] vergeben werden[141].

zu c): Die Übernahme einer Bürgschaft ist dann als Subvention zu betrachten, wenn der Hoheitsträger sich dem Gläubiger einer Privatperson gegenüber verpflichtet, für die Schulden dieser Person aus Gründen einzustehen, die unmittelbar im öffentlichen Interesse liegen. Subventionsbürgschaften bildeten den Ausgangspunkt für eine eingehende rechtliche Behandlung der Subventionen. *Ipsen* schrieb das bereits mehrfach erwähnte Rechtsgutachten über Ausfallbürgschaften des Bundes für Filmproduktionskredite[142]. Der Landwirtschaft werden Bürgschaften für Saatenkredite[143] und zur Förderung der landwirtschaftlichen Siedlung gewährt[144]. Bürgschaften für das Exportgeschäft sind vorgesehen in § 3 Abs. 4 des Gesetzes über die Kreditanstalt für Wiederaufbau[145]. Der Wohnungsbau wird durch Bürgschaften nach § 5 des 1. Wohnungsbaugesetzes[146] und nach § 24 des 2. Wohnungsbaugesetzes[147] gefördert. Bürgschaften werden schließlich auch gemäß § 72 BVFG[148] und § 12 Bundesevakuierungsgesetz[149] übernommen[150].

---

[138] § 3 des Gesetzes über die Kreditanstalt für Wiederaufbau v. 5. 9. 1948 in der Fassung v. 18. 10. 1961 (BGBl I S. 1878). Dazu *Menzel*, a. a. O., S. 41 ff. und *Scholz*, a. a. O., S. 25 ff.

[139] § 5 des Gesetzes über die Verwaltung des ERP-Sondervermögens v. 31. 8. 1953 (BGBl I S. 1312).

[140] Nach § 3 Abs. 1 des Gesetzes über die Kreditanstalt für Wiederaufbau ist für den Regelfall die Einschaltung von Banken zwingend vorgeschrieben, über die die Kreditanstalt für Wiederaufbau die Darlehen vergeben soll.

[141] Vgl. Bund als Finanzier, S. 220 ff. und BVerwG (Urt. v. 23. 7. 1958) BVerwGE 7, 180 = NJW 1958, 2129.

[142] Diese Bürgschaften wurden auf Grund eines Beschlusses des Bundestags v. 31. 3. 1950 (1. Wahlperiode 1949, 57. Sitzung, Sten.-Ber. S. 2120 A) erteilt.

[143] Gesetz vom 30. 7. 1951 über eine Bundesbürgschaft zur Abwicklung von Saatenkrediten (BGBl I S. 475).

[144] Gesetz v. 15. 5. 1953 (BGBl I S. 224). Dazu *Hansmeyer*, Staatshilfen Landwirtschaft, S. 182.

[145] Gesetz v. 5. 9. 1948 i. d. Fssg. v. 18. 10. 1961 (BGBl I S. 1878). Dazu Bund als Finanzier, S. 126. Keine Bürgschaften im hier verstandenen Sinne hingegen stellen die sog. „Bürgschaften" nach den Gesetzen über die Übernahme von Sicherheitsleistungen und Gewährleistungen im Ausfuhrgeschäft dar (*Reuter*, a. a. O., S. 139, 167 und 178).

[146] S. oben S. 21. Dazu VO v. 30. 7. 1951 (BGBl I S. 483).

[147] S. oben S. 21.

[148] S. oben S. 21 Fußn. 130.

[149] S. oben S. 21 Fußn. 131.

[150] Vgl. im übrigen *Flessa* BayVBl 1960, 81.

Zu d): Mit Gewährleistungen bezeichnet man Subventionen, wenn der Hoheitsträger — ebenfalls wieder im öffentlichen Interesse — dem Staatsbürger gegenüber für einen Rechtsverlust eintritt[151].

Dabei ist hauptsächlich an die Gesetze über die Übernahme von Sicherheitsleistungen und Gewährleistungen zur Förderung der deutschen Wirtschaft[152] und an die Gesetze über die Übernahme von Sicherheitsleistungen im Ausfuhrgeschäft[153] zu denken.

KAPITEL IV

Lösungswege

Zur Lösung der Frage nach der Rechtsform der Subventionen bieten sich verschiedene Wege an. Der einfachste Weg wäre es wohl, nach dem Gesetzgeber zu rufen und eine gesetzliche Regelung zu verlangen. Eine andere Möglichkeit bestünde darin, die Antwort auf Grund einer rechtssystematischen Ableitung zu finden. Schließlich könnte man eine Entscheidung lediglich nach Zweckmäßigkeitsgesichtspunkten für richtig halten.

1. Der Ruf nach dem Gesetzgeber

Eine gesetzliche Bestimmung, die festlegt, daß für die Subventionen eine privatrechtliche oder eine öffentlich-rechtliche oder auch eine gemischte Rechtsform am Platze sei, gibt es derzeit nicht. § 102 des 2. WoBauG[154] scheint allerdings bei den Subventionen im Bereich des Wohnungsbaues die Anwendung der Zweistufenlehre anzuordnen[155]. Diese Bestimmung betrifft jedoch lediglich den Rechtsweg für Streitigkeiten aus Subventionsverhältnissen in diesem Bereich. Sollte man allgemein bei den Subventionen zu einer anderen als einer zweistufigen Betrachtungsweise gelangen, so dürfte eine solche spezielle Rechtswegklausel dem nicht ernsthaft entgegenstehen. Sie ist eben dann im Lichte der für richtig gehaltenen Betrachtungsweise auszulegen[156]. Noch viel weniger bedeutet die Verwendung privatrechtlicher Begriffe wie „Darlehen" in Gesetzen, daß der Gesetzgeber damit eine Entscheidung über die Rechtsform treffen

---

[151] Vgl. auch *Reuter*, a. a. O., S. 176.

[152] 1. Gesetz v. 21. 7. 1951 (BGBl I S. 471); 2. Gesetz vom 9. 6. 1953 (BGBl I S. 380); 3. Gesetz v. 6. 12. 1954 (BGBl I S. 365), ergänzt durch Gesetz v. 17. 5. 1957 (BGBl I S. 517).

[153] 1. Gesetz v. 4. 9. 1950 (BGBl I S. 447); 2. Gesetz v. 20. 4. 1951 (BGBl I S. 255); 3. Gesetz v. 22. 2. 1952 (BGBl I S. 122); 4. Gesetz v. 9. 6. 1953 (BGBl I S. 381); 5. Gesetz v. 24. 11. 1954 (BGBl I S. 356); 6. Gesetz v. 22. 11. 1955 (BGBl I S. 727); 7. Gesetz v. 11. 10. 1957 (BGBl I S. 1717). Dazu *Reuter*, a. a. O., insbesondere S. 151 ff.

[154] BGBl 1956 I S. 550.

[155] So jedenfalls *Bachof*, Diskussionsbeitrag, S. 201.

[156] Näheres dazu unten S. 84.

wollte[157]. De lege lata ist daher die Rechtsform der Subventionen nicht gesetzlich festgelegt. Man könnte aber zumindest de lege ferenda die Forderung nach gesetzgeberischer Tätigkeit erheben. Es erscheint jedoch fraglich, ob der Ruf nach dem Gesetzgeber wirklich angebracht ist, wenn ein Problem wie das der Rechtsform der Subventionen noch in keiner Weise ausgegoren und für eine sinnvolle gesetzliche Regelung reif ist. Womöglich wird dann der Weg zu einer einwandfreien Lösung des Problems durch verfrühtes gesetzgeberisches Wirken verbaut. Darüber hinaus erweckt es Bedenken, wenn der Gesetzgeber auch die Systematik des Rechts regeln will. Dies ist vielmehr Aufgabe der Rechtswissenschaft, die den Sinn der rechtlichen Vorschriften zu ermitteln und ins Licht zu setzen, die Begriffe zu klären, verborgene Zusammenhänge aufzudecken und letztlich ein umfassendes System aufzubauen hat[158].

2. Die rechtssystematische Ableitung

Die rechtssystematische Ableitung der Antwort auf die Frage nach der Rechtsform der Subventionen gründet sich auf den Unterschied zwischen öffentlichem und privatem Recht. Diese Unterscheidung wird häufig angegriffen und in Frage gestellt, sei es aus theoretischen[159] oder aus praktischen Gründen[160]. Die Berechtigung der Kritik ist nicht abzustreiten. Es ist zuzugeben, daß die Trennung in öffentliches und Privatrecht nicht logisch notwendig ist, daß sie auch nicht auf einen Gegensatz sittlicher Werte beruht[161], sondern ganz einfach das Ergebnis der historischen Entwicklung unseres Rechtssystems darstellt[162]. Ferner ist einzuräumen, daß die Kriterien der Abgrenzung zweifelhaft und schwankend sind, ja, daß nicht einmal das Objekt der Unterscheidung genau feststeht[163]. Auf die zunehmende Verschränkung der beiden Rechtsgebiete wurde bereits hingewiesen.

Dennoch aber läßt sich der Unterschied der beiden Bereiche nicht einfach aus der Welt schaffen[164]. Die gesamte bisherige deutsche Rechts-

---

[157] Vgl. Verf., Diss., S. 66 f. zu den „Übernahmeverträgen".

[158] *Dölle*, a. a. O., S. 32.

[159] So vor allem *Kelsen*, Staatslehre, S. 80 ff., und ArchöffR Bd. 31 (1913), S. 218 und 248 f. Neuerdings jedoch wendet sich *Kelsen* nur mehr gegen eine „Verabsolutierung" des Gegensatzes (Reine Rechtslehre, S. 286 f.). Dazu *Spanner* DÖV 1963, 30.

[160] Dies in erster Linie wegen der durch die weitgehende Verschränkung der beiden Rechtsgebiete verursachten Schwierigkeit der Abgrenzung. Vgl. *Baur* JZ 1963, 41 ff.; *Siebert* DÖV 1959, 733.

[161] Wie *Wahl* SJZ 1, 27 ff. annimmt. Das öffentliche Recht soll nach *Wahl* weniger als das Privatrecht von Gerechtigkeit geprägt sein.

[162] *Bachof* ArchöffR Bd. 44 n. F. (1958) S. 227 f.; *Enneccerus-Nipperdey*, a. a. O., S. 224; *Haueisen*, DVBl 1961, 833; *Nawiasky*, a. a. O., S. 306.

[163] Eine Zusammenstellung der verschiedenen Ansichten dazu findet sich bei *Ernst Wolf*, a. a. O., S. 2, Fußn. 4.

[164] In diesem Sinne auch *Forsthoff*, Auftraggeber, S. 12 f.; *Gygi*, Verwaltungs-

praxis hat sich danach ausgerichtet. Die unterschiedlichen Auswirkungen der Zuordnung zum einen oder zum anderen Rechtsbereich sind nicht zu leugnen[165]. Der Unterschied hat sogar seinen Niederschlag in Gesetzen gefunden[166]. Unter diesen Umständen muß die Wissenschaft zumindest den Versuch machen, die historisch gewachsenen Erscheinungen in einen größeren Sinnzusammenhang einzuordnen und die Verschränkung — soweit möglich — zu entwirren[167]. Auf diese Weise läßt sich ein wesentlicher Beitrag zur Ordnung und Klärung des Rechtslebens und damit zu einer erhöhten Rechtssicherheit leisten; denn klare rechtliche Verhältnisse dienen der Sicherheit im Rechtsverkehr und dem Schutze des Bürgers. Daraus ergibt sich, daß sich mit Hilfe einer rechtssystematischen Ableitung bereits ein objektivierter Zweck verfolgen läßt.

3. Lösung nach Zweckmäßigkeitsgesichtspunkten

Für eine Lösung lediglich nach Zweckmäßigkeitsgesichtspunkten ist bei rechtssystematischer Ableitung kein Raum mehr. Dies ist auch gar nicht zu bedauern, da sich schwerlich Einigkeit über die anzustrebenden Zwecke erzielen ließe. Wohl aber können Zweckmäßigkeitsüberlegungen dazu dienen, das Ergebnis der systematischen Untersuchung zu untermauern und etwaige Lücken zu füllen. In diesem Zusammenhang ist es dann nicht so schwerwiegend, wenn die zu verfolgenden Zwecke nicht genau feststehen. Auf jeden Fall sollte aber der Gesichtspunkt des Rechtsschutzes vordringlich sein. Daneben könnte man noch auf Einfachheit und Klarheit der rechtlichen Beziehungen, auf eine rationelle Abgrenzung der Rechtswege und auf die Durchsetzung der Ziele der öffentlichen Verwaltung achten.

Ergänzt man auf diese Weise rechtssystematisch gefundene Ergebnisse durch praktische Überlegungen, dann lassen sich die Unzulänglichkeiten der Abgrenzung des Privatrechts vom öffentlichen Recht weitgehend ausgleichen.

---

recht und Privatrecht, S. 1; *Haueisen* DVBl 1961, 833; *Ruck*, a. a. O., S. 44; *H. J. Wolff*, Lb., S. 83; *Ernst Wolf*, a. a. O., S. 1.

[165] Dazu schon Verfasser NJW 1962, 2232.

[166] §§ 13 GVG, 40 VwGO, 89 BGB, 7 HGB usw. Zum Zivil- und Verwaltungsrechtsweg *Siebert* DÖV 1959, 733 ff.

[167] Richtig *Köttgen*, Die erwerbswirtschaftliche Betätigung der öffentlichen Hand und das öffentliche Recht, S. 1, ferner S. 5: „Aufgabe der Theorie ist es, die gesetzgeberische Produktion in einen größeren Sinnzusammenhang einzuordnen und aus diesem heraus dann wiederum die einzelne Institution zu deuten." Ähnlich auch *Ernst Wolf*, a. a. O., S. 1.

KAPITEL V

Der Theorienstreit

1. Der Gegenstand der Abgrenzung

Bevor auf den Theorienstreit über die Abgrenzung des öffentlichen vom Privatrecht eingegangen wird, muß erst geklärt werden, was überhaupt Gegenstand der Abgrenzung ist. Die Meinungen hierüber sind ungeheuer zersplittert[168]. *Ernst Wolf* ist es gelungen, diesen Meinungsstreit zu entwirren und eine brauchbare Lösung zu finden[169]. Das Ergebnis der *Wolf*schen Untersuchung soll hier übernommen werden. Danach können Gegenstände der Unterscheidung von privatem und öffentlichem Recht sein:

1. die subjektiven Rechte, Rechtspflichten und sonstigen Einzelbeziehungen;
2. die Rechtsverhältnisse;
3. die Rechtsnormen.

Jeder von ihnen ist von allen anderen klar abzugrenzen und ausschließlich nach seiner eigenen Wirkungsweise zu bestimmen[170].

Hier interessiert allerdings nur die Scheidung öffentlich-rechtlicher von privatrechtlichen Rechtsverhältnissen und die Frage, ob es gemischte Rechtsverhältnisse gibt, da es die Rechtsform der Subventionen zu klären gilt. Darauf sind die folgenden Ausführungen abgestellt. Als Rechtsverhältnis ist ein rechtlich bedeutsames und deshalb vom objektiven Recht bestimmtes Lebensverhältnis anzusehen, das in einer rechtswirksamen Beziehung einer Person zu anderen Personen oder zu Gegenständen (Sachen oder Rechten) besteht[171]. Das Rechtsverhältnis muß durch den Entstehungsvorgang, die beteiligten Personen oder durch andere Merkmale individualisierbar sein, um sich gegenüber dem weiteren Begriff des Lebenssachverhaltes abzuheben, aus dem mehrere Rechtsverhältnisse entspringen können, bei denen auch eine unterschiedliche rechtliche Einordnung möglich ist[172]. Andererseits ist das Rechtsverhältnis vom einzelnen Anspruch zu unterscheiden, der nicht ein bestimmtes Lebensverhältnis, sondern lediglich eine rechtliche Beziehung, eine Verpflichtung bzw. Berechtigung umreißt.

2. Der heutige Stand des Theorienstreites

Bereits im Jahre 1904 glaubte *Holliger*, siebzehn verschiedene Abgrenzungstheorien nachweisen zu können[173]. In der Zwischenzeit ruhte

---

[168] Vgl. dazu *Ernst Wolf*, a. a. O., S. 2 ff., insbes. S. 2, Fußn. 4.
[169] Ebenda.
[170] *Ernst Wolf*, a. a. O., S. 15.
[171] Nach *Enneccerus-Nipperdey*, a. a. O., S. 427.
[172] *H. J. Wolff*, a. a. O., S. 85.
[173] *Holliger*, a. a. O.

jedoch der Eifer der Wissenschaftler nicht und eine ganze Reihe neuer Theorien wurde geschaffen, von denen allerdings viele lediglich Spielarten der schon vorhandenen darstellen[174]. Die allermeisten davon sind heute wieder in Vergessenheit geraten oder werden doch zumindest als überholt angesehen. Dazu zählen auch solche Theorien, die früher einmal eine bedeutsame Rolle gespielt haben.

Erinnert sei nur an die Fiskustheorie, die lange Zeit vom Reichsgericht vertreten worden ist[175]. Sie stellte darauf ab, ob ein vermögensrechtlicher Anspruch gegeben ist oder nicht. Bei vermögensrechtlichen Ansprüchen sollte es sich um Privatrecht, bei nichtvermögensrechtlichen um öffentliches Recht handeln. Es sind aber anerkanntermaßen Nichtvermögensrechte festzustellen, die privatrechtlicher Natur sind (wie z. B. das Namensrecht), und es gibt Vermögensrechte öffentlich-rechtlicher Art wie das Recht, Steuern zu erheben, den Anspruch auf Enteignungsentschädigung und dgl. mehr. Die Fiskustheorie wurde daher auch vom Reichsgericht aufgegeben[176].

Ebensowenig ist heutzutage die Rechtsformentheorie noch von Belang. Sie wurde vor allem von *Huber* einmal vertreten[177]. Sie ging nicht von der Gleichordnung oder Über- und Unterordnung der Beteiligten als solcher aus, sondern von den für diese Gleichordnung oder Über- und Unterordnung typischen Rechtsformen. Sie stützte sich also darauf, daß die Denkformen im öffentlichen und im privaten Recht grundsätzlich voneinander abweichen. In der Sprache der damaligen Zeit wurde das so ausgedrückt, daß Grundkategorie des öffentlichen Rechts die hoheitliche Führung, Grundkategorie des Privatrechts aber das volksgenössische Zusammenwirken sei. Damit wird freilich kein klares Kriterium für die Unterscheidung aufgestellt. Zudem verwechselt die Theorie Ursache und Wirkung, wenn sie auf die für die Gleichordnung bzw. Über- und Unterordnung typischen Rechtsformen abstellt[178].

Es hat keinen Sinn, auf alle überholten Abgrenzungstheorien hier einzugehen. Noch viel weniger soll versucht werden, eine neue Konstruktion zu entwickeln. Vielmehr sollen nur die heute noch maßgeblichen Theorien kritisch betrachtet und daraus Folgerungen für das Problem der Rechtsform der Subventionen gezogen werden. Im wesentlichen sind dies die Interessen —, die Subjekts- und die Subjektionstheorie, die freilich in den mannigfaltigsten Abwandlungen vertreten werden. Allenfalls kann man noch die Verfügungstheorie in den Kreis der Erörterung einbeziehen.

---

[174] Zusammenstellungen vor allem bei *Enneccerus-Nipperdey*, a. a. O., S. 224, Fußn. 1; *Molitor*, a. a. O., S. 25 ff.; *Walz*, a. a. O., S. 21 ff.; *H. J. Wolff*, ArchöffR, Bd. 37 n. F. (1950/51) S. 206 Fußn. 2.

[175] RGZ 11, 65 (Urt. v. 2. 2. 1884); 22, 288 (Urt. v. 22. 9. 1888); 57, 350 (Urt. v. 15. 2. 1904); 70, 81 (Urt. v. 2. 12. 1908); 74, 192 (Urt. v. 20. 9. 1910); 75, 40 (Urt. v. 16. 12. 1910).

[176] RGZ 103, 56 (Urt. v. 20. 10. 1921).

[177] Neue Grundbegriffe, S. 152 ff.

[178] *Molitor*, a. a. O., S. 34.

3. Die Verfügungstheorie

Die Verfügungstheorie[179] wurde hauptsächlich von *Burckhardt* entwickelt[180]. Danach soll der Unterschied zwischen öffentlichem und privatem Recht im zwingenden Charakter des öffentlichen Rechts im Gegensatz zu der das Privatrecht beherrschenden Privatautonomie liegen.

Dann müßten aber Materien, die bisher nach einhelliger Meinung als privatrechtlich angesehen wurden, wie die Regelungen der Haftung aus unerlaubter Handlung (§§ 823 ff. BGB), weite Teile des Sachenrechts, des Familien- und Erbrechts, soweit nämlich abweichende Vereinbarungen unzulässig sind, zum öffentlichen Recht gezählt werden. Andererseits müßten diejenigen Gebiete des Staats-, Verwaltungs- und Justizrechtes, die dem individuellen Willen einen gewissen Spielraum gewähren, wie die freiwillige Anstaltsbenutzung, der freiwillige Beitritt zu einer öffentlichrechtlichen Genossenschaft, die Einbürgerung und die Entlassung aus dem Staatsverband, die Mitwirkung des Bürgers bei mitwirkungsbedürftigen Staatsakten überhaupt, die private Strafklage usw., dem Privatrecht zugeteilt werden.

Diese tiefgreifende Umgruppierung würde aber keinerlei sachlichen Gewinn mit sich bringen[181]. Die auf diese Weise erzielte Einteilung ließe bei den einzelnen Rechtsmaterien keine Gemeinsamkeit außer dem zwingenden bzw. nachgiebigen Charakter der anzuwendenden Normen erkennen, hingegen müßten viele Rechtsinstitute in sinnwidriger Weise auseinandergerissen werden.

Selbst wenn man mit dem Gegensatz von nichtzwingendem und zwingendem Recht nicht so sehr die Antithese: abdingbares und nicht abdingbares Recht im Auge hat, sondern mehr die Unterscheidung des auf Antrag zu gewährenden Rechtes von dem von Amts wegen zu erzwingenden, kommt die Verfügungstheorie nicht zu befriedigenden Ergebnissen. Einmal fällt abdingbares Recht nicht mit dem auf Antrag zu gewährenden und nichtabdingbares Recht nicht mit dem von Amts wegen zu erzwingenden zusammen[182], so daß das Abgrenzungskriterium selbst schon nicht eindeutig ist. Zum anderen kann auch die Durchsetzung öffentlichen Rechtes vom Willen des Berechtigten abhängig gemacht werden, wie die Beispiele der subjektiven öffentlichen Rechte und die Antragsdelikte im Strafrecht zeigen[183]. Es kann auch ein und derselbe Rechtssatz einmal von Amts wegen zu erzwingen sein, wie es im allgemeinen im Verwaltungsverfahren der Fall ist, ein anderes Mal wird er auf Initiative des Betroffenen hin verwirklicht, wie es im Anfechtungsverfahren vor den Verwaltungsgerichten geschieht[184]. Mit der Herrschaft

---

[179] So bezeichnet bei *H. J. Wolff*, Lb., S. 83.
[180] *Burckhardt*, Methode und System, S. 59, 170 ff.; Einführung, S. 139.
[181] So zutreffend *Nawiasky*, a. a. O., S. 292.
[182] So richtig *Nawiasky*, a. a. O., S. 290 f.
[183] Dazu *Germann*, a. a. O., S. 202.
[184] *Nawiasky*, a. a. O., S. 280 f.

des Amtserforschungsgrundsatzes im Verwaltungsprozeß kann man diesen Widerspruch nicht aus dem Wege räumen[185]; denn auch Privatrecht kann in Verfahren mit Amtserforschungsgrundsatz durchgesetzt werden (vgl. § 12 FGG).

Demnach kann die Verfügungstheorie nicht weiterhelfen. Sie stellt kein eindeutiges Kriterium für die Abgrenzung auf und weicht zu sehr von der bisher üblichen Einteilung ab, um den praktischen Erfordernissen gerecht werden zu können.

4. Die Interessentheorie

Menger ist der Ansicht, daß die Interessentheorie gegenwärtig wieder mehr in den Vordergrund rückt[186]. Diese Theorie geht von der bekannten Ulpianstelle aus. Nach ihr sollen Rechtsverhältnisse, die überwiegend den Interessen der einzelnen dienen, privatrechtlich, diejenigen, die überwiegend die Öffentlichkeit angehen, öffentlich-rechtlich sein. Sie wurde früher von so berühmten Autoren wie von *Savigny*[187] und *Triepel*[188] verfochten. In neuerer Zeit bekennt sich hauptsächlich *Nawiasky*[189] zu ihr. Nach ihm ist der Gegensatz zwischen öffentlichem und privatem Recht in erster Linie ein solcher zwischen Verwaltungs- und Zivilrecht[190]. Verwaltungsrecht soll dann vorliegen, wenn eine Rechtsnorm in bezug auf einen bestimmten Sachverhalt die Amtspflicht der Behörde ausspricht, für die Wahrung der Gesamtinteressen gegenüber beteiligten Einzelinteressen zu sorgen, Zivilrecht, wenn die Rechtsnorm die an einem Sachverhalt beteiligten Interessen auf gleiche Stufe stellt und deren Verfolgung dem Interessenten überläßt[191]. Bei öffentlichem Recht muß allerdings der Staat oder ein ihm eingegliedertes Gemeinwesen beteiligt sein[192]. Insoweit bringt *Nawiasky* ein Element der Subjektstheorie mit herein.

Gegen die Interessentheorie führt *H. J. Wolff* an, daß alles Recht der Ordnung des menschlichen Zusammenlebens und damit dem öffentlichen Interesse diene, auch das Privatrecht. Ebenso gelte alles Recht, auch das öffentliche, für Individuen und letztlich in deren Interesse[193].

Solchen Einwänden begegnen die Anhänger der Interessentheorie mit dem Hinweis darauf, daß ein Unterschied zwischen dem öffentlichen Interesse an der Regelung und der Bevorzugung des öffentlichen Interesses in der Regelung zu machen sei. Die Unterscheidung richte sich danach,

---

185 Versucht wird dies von *Germann*, a. a. O., S. 202, und *Nawiasky*, a. a.O., S. 281.

186 *Menger*, VArch. Bd. 53 (1962) S. 394.

187 A. a. O., S. 23.

188 A. a. O., S. 545.

189 A. a. O., S. 294.

190 Ebenda, S. 276.

191 *Nawiasky*, a. a. O., S. 298.

192 Ebenda, S. 301.

193 *H. J. Wolff*, Lb, S. 83. S. ferner *Menger* VArch. Bd.53 (1962) S. 279 mit weiteren Nachweisen. Ebenso *Giacometti*, a. a. O., S. 99 f.

welchem Interesse — dem Gesamt- oder dem Einzelinteresse — die Regelung unmittelbar diene. Freilich ist das ein sehr angreifbares und schwierig zu konkretisierendes Unterscheidungsmerkmal[194]. Die Ansichten darüber, was dem öffentlichen Interesse dient, sind sehr verschieden[195]. Im Einzelfall kann es oft sehr schwerfallen festzustellen, welchen Zweck eine Regelung in erster Linie verfolgt[196].

Weiterhin wird gegen die Interessentheorie eingewandt[197], es sei anerkannten Rechtes, daß das Privatrecht auch Mittel der öffentlichen Verwaltung sein kann, wie es bei den privatrechtlichen Formen der Anstaltsbenutzung, den privatrechtlichen Formen der Teilhabe an der Versorgung mit Energie, Gas, Wasser und an den Unternehmungen des öffentlichen Verkehrs der Fall ist. Die unmittelbare Verfolgung öffentlichen Interesses und privatrechtliche Gestaltung seien aber dann keine Gegensätze mehr.

Dieser Einwand trifft gegen die Interessentheorie in der gemeinhin gelehrten Form zu. Das öffentliche Interesse kann auch mit Hilfe des Privatrechts verwirklicht werden. Es handelt sich dann um Verwaltung in privatrechtlicher Gestalt. Es werden im öffentlichen Interesse Rechtsverhältnisse begründet, auf die Normen des Privatrechts Anwendung finden.

Nawiasky will dem Einwand ausweichen, indem er nicht auf das Rechtsverhältnis als solches abstellt, sondern vielmehr auf den Charakter der Rechtsnormen, die auf das Rechtsverhältnis anzuwenden sind. Die Begründung eines Rechtsverhältnisses im öffentlichen Interesse macht dieses so nicht notwendigerweise zu einem öffentlich-rechtlichen. Ein solches liegt erst dann vor, wenn die auf ein Rechtsverhältnis zur Anwendung gelangenden Rechtsnormen den Interessen der Gesamtheit einen höheren Wert als denen der einzelnen zuerkennen[198].

Gegen die so modifizierte Interessentheorie spricht aber, daß es Institute des öffentlichen Rechtes gibt, die unmittelbar den Interessen der einzelnen dienen, wie den Folgenbeseitigungsanspruch und die subjektiven öffentlichen Rechte überhaupt. Andererseits erwähnt auch das BGB bei sonst als privatrechtlich angesehenen Pflichten das öffentliche Interesse, so z. B. in den §§ 525 Abs. 2, 679, 2194 Satz 2 BGB[199].

In Schwierigkeiten kommen die Anhänger der Lehre von *Nawiasky* auch, wenn eine Norm nur scheinbar eine rein privatrechtliche ist und in Wahrheit allen Rechtszweigen, auch dem des öffentlichen Rechtes, gemeinsam angehört[200], wie z. B. der Satz von Treu und Glauben

[194] Vgl. *Menger*, ebenda. Ebenso *Ruck*, a. a. O., S. 37, Fußn. 71.

[195] *Germann*, a. a. O., S. 199.

[196] *Molitor*, a. a. O., S. 30.

[197] Beispielsweise von *Siebert*, FS, S. 219; vgl. auch *Ruck*, a. a. O., S. 37, Fußn. 71.

[198] *Nawiasky*, a. a. O., S. 287 f. und 296.

[199] Darauf weist *Molitor*, a. a. O., S. 30 hin.

[200] Eingehende Darstellung bei *Friedrichs*, ArchBürgR Bd. 42 (1916) S. 28.

(§ 242 BGB), oder wenn eine bürgerlichrechtliche Norm analog auf öffentlich-rechtliche Verhältnisse angewandt wird[201], wie es bei der öffentlichrechtlichen Verwahrung der Fall ist. Wonach soll es sich bei Rechtsverhältnissen, die durch solche Vorschriften geregelt werden, richten, welcher Natur dieses Rechtsverhältnis ist? Hinzu kommt die Frage, welche Rechtsnorm bestimmend sein soll, wenn auf ein Rechtsverhältnis eine Reihe von Vorschriften Anwendung findet, wobei ein Teil das öffentliche Interesse in den Vordergrund stellt, der andere Teil nicht. Oder soll dann das Rechtsverhältnis in öffentlich-rechtliche und privatrechtliche Bestandteile aufgespalten werden? Dagegen sprechen die gleichen Bedenken wie gegen die Verfügungstheorie, daß nämlich die bisherige Einteilung ohne zwingenden Anlaß umgestoßen werden müßte, und daß einheitliche Rechtsverhältnisse in unorganischer Weise auseinanderzureißen wären.

5. Die Subjektstheorie

Nach der reinen Subjektstheorie ist für die Abgrenzung entscheidend, ob ein Hoheitsträger an dem fraglichen Rechtsverhältnis beteiltigt ist[202]. Ist das der Fall, dann soll es sich um öffentlich-rechtliche Beziehungen handeln. Die Subjektstheorie in der reinen Form wird aber heute nicht mehr vertreten. Nach *Otto Mayer*[203] und *Enneccerus-Nipperdey*[204] muß der Träger übergeordneter Gewalt als solcher, d. h. in dieser seiner Eigenschaft an dem Rechtsverhältnis beteiligt sein. Wo dagegen ein solches Gemeinwesen in Beziehungen tritt, die in gleicher Weise auch für einzelne Menschen vorkommen (z. B. als Erbe, Gläubiger, Schuldner, Eigentümer), soll Privatrecht gegeben sein.

Vorwiegend auf den Umstand, ob ein Rechtssubjekt des öffentlichen Rechts beteiligt ist, gründet auch *H. J. Wolff* die von ihm erst in jüngerer Zeit entwickelte Theorie[205], die *Bachof* Zuordnungstheorie nennt[206]. Sie hat schon eine größere Anzahl von Anhängern gewonnen[207]. Nach *H. J. Wolff* liegt das Wesen der Unterscheidung in einer Verschiedenheit der die Rechtsordnung bildenden Rechtssätze[208], und zwar in einer Verschiedenheit ihrer Zuordnungssubjekte. Es sollen freilich nicht alle Rechts-

---

[201] S. *Friedrichs*, ebenda.

[202] *Prazàk*, ArchöffR 4 (1889) S. 260 f.; *Richter*, ArchöffR Bd. 8 n. F. (1925) S. 18.

[203] Bd. I S. 15.

[204] A. a. O., S. 138 und 140.

[205] ArchöffR Bd. 37 n. F. (1950/51) S. 208 ff.; Lb. S. 80 ff.

[206] *Bachof*, ArchöffR Bd. 44 n. F. (1958) S. 228.

[207] So z. B. *Jentsch* DÖV 1956, 299; *Klinger*, a. a. O., Anm. B I 1 zu § 40; *Menger* VArch Bd. 50 (1959) S. 198; *Rupp* JuS 61, 61; *Schoen* DÖV 1955, 137; *Ule*, VwGO, Anm. II zu § 40; VG Neustadt/Weinstr. (Urt. v. 7. 8. 1962) DVBl 1962, 761 m. Anm. Verf. DVBl 1963, 34.

[208] Nach *Kelsen*, Reine Rechtslehre, S. 73 sind allerdings Rechtsnormen und Rechtssätze auseinanderzuhalten. Im Sinne dieser Unterscheidung hat *Wolff* wohl die „Rechtsnormen" und nicht die „Rechtssätze" im Auge.

sätze dem öffentlichen Recht angehören, deren Zuordnungssubjekt der Staat oder irgendein anderes „öffentliches" Subjekt ist. Die Träger hoheitlicher Gewalt sollen vielmehr insoweit Subjekte des Privatrechts sein, als sie sich derselben Rechtssätze bedienen, die für alle Rechtspersonen gelten, oder Tatbestände verwirklichen, die von jedermann ebenso verwirklicht werden können. Subjekte des öffentlichen Rechts sollen sie sein, insoweit sie sich eines nur ihnen eingeräumten oder auferlegten Sonderrechts bedienen oder Tatbestände verwirklichen, die so nur von Trägern oder anderen Subjekten hoheitlicher Gewalt verwirklicht werden können. *H. J. Wolff* bezeichnet dieses „öffentliche" (Sonder-)Recht als das „Amtsrecht" der Träger hoheitlicher Gewalt und ihrer Organe. Unter Trägern hoheitlicher Gewalt verstand *H. J. Wolff* ursprünglich[209] die Subjekte, deren Individualität nur durch Rechtssatz oder auf Grund eines Rechtssatzes durch Staats- (oder kirchlichen, auch ständischen Verwaltungs-)Akt bestimmt wird, während die Individualität der natürlichen Privatpersonen durch die Tatsache der Geburt, die der juristischen Privatpersonen durch tatsächliches Verhalten von Menschen bestimmt werden sollte. Rechtssatz und Staats-(Verwaltungs-)Akt sollten nur die Funktion der Anerkennung als Personen im Rechtssinne und der näheren Regelung ihrer Außen- und Innenverhältnisse haben[210].

Nunmehr[211] formuliert *H. J. Wolff* etwas anders: Öffentlich-rechtlich sind diejenigen Pflichten, Rechte, Ansprüche und Rechtsverhältnisse, die sich aus einem Rechtssatz ergeben, der nicht jedermann (potentiell oder aktuell) verpflichtet und berechtigt, sondern notwendig nur einen Staat, eine Religionsgemeinschaft oder ein Subjekt verpflichtet oder (!) berechtigt, das durch Staatsakt zur Wahrnehmung gemeinsamer Angelegenheiten einer über individuelle Beziehungen hinausgehenden Personenvielheit verpflichtet ist. In denjenigen Fällen, in denen das Verhältnis auch dem privaten Recht angehören könnte, kommt es darauf an, auf welchen Rechtssatz der Anspruch bzw. die Verpflichtung gestützt wird, also auf die Anspruchsgrundlage. Nicht zum öffentlichen Recht gehören jedoch diejenigen Rechtssätze sowie die darauf gestützen Ansprüche und Rechtsverhältnisse, welche sich eindeutig nicht auf den Staat als Subjekt hoheitlicher Gewalt, sondern auf den Staat als Fiskus beziehen, auch wenn sie ihm Sonderrechte einräumen. Auch die besonderen Tarifordnungen der Angestellten und Arbeiter des öffentlichen Dienstes, deren Partner nur Träger öffentlicher Verwaltung sind, sind so wenig öffentlich-rechtlich wie die sonstigen Tarifordnungen. Sie regeln nur die inhaltlichen Besonderheiten gerade derartiger Privatrechtsverhältnisse zu Trägern öffentlicher Verwaltung als Privatpersonen.

Es soll nicht bestritten werden, daß die so formulierte Zuordnungstheorie für die Einteilung der Rechtsnormen, die nach *Ernst Wolf* eben-

---

[209] ArchöffR Bd. 37 n. F. (1950/51) S. 209.

[210] Kritisch dazu Verf., Diss., S. 44.

[211] Lb. S. 84. Einschränkend jetzt auch *Menger*, VArch Bd. 54 (1963) S. 397 f.

falls Gegenstand der Unterscheidung zwischen öffentlichem und privatem Recht sein können, von Nutzen sein mag. Hier aber interessiert die Einordnung der Rechtverhältnisse. Ob dafür die Zuordnungstheorie eine befriedigende Lösung anzubieten hat, bleibt auch nach der Abwandlung durch *H. J. Wolff* fraglich; denn es tauchen nach wie vor die gleichen Bedenken auf wie bei der Interessentheorie von *Nawiasky*[212]. Gehört eine Norm sowohl dem öffentlichen Recht als auch dem Privatrecht an oder findet sie doch zumindest analog im anderen Rechtsgebiet Anwendung, so macht die Bestimmung Schwierigkeiten. Außerdem regelt im allgemeinen nicht nur eine bestimmte Rechtsnorm ein Rechtsverhältnis. Handelt es sich dabei um Rechtsnormen verschiedener Natur, dann erhebt sich die Frage, welche Norm nun maßgeblich sein soll. Ein Ausweg wäre nur die Aufspaltung des Rechtsverhältnisses. *H. J. Wolff* befürwortet aber selbst mit gutem Grund die einheitliche Behandlung der Rechtsverhältnisse[213], zu der die Aufspaltung in Widerspruch stünde. Vollends in Verlegenheit geraten die Anhänger der Zuordnungstheorie, wenn der Hoheitsträger sich auf eine falsche Rechtsnorm gestützt hat oder gar überhaupt keine Rechtsnorm für sein Vorgehen vorhanden ist. Es ist auch denkbar, daß verschiedene Normen in Betracht kämen, eine einhellige Meinung, welche nun zum Zuge kommen soll, aber nicht zu erzielen ist. In all diesen Fällen ist es jedoch notwendig, das Rechtsverhältnis zu qualifizieren.

Für die Bestimmung der Rechtsverhältnisse ist es eben mißlich, an die anzuwendenden Rechtsnormen anzuknüpfen. Diese können zwar in Einzelfällen durchaus nützliche Anhaltspunkte geben. In der Regel aber richtet sich die Anwendung bestimmter Normen nach der Einordnung des Rechtsverhältnisses in die Kategorien des öffentlichen oder privaten Rechtes[214].

Des weiteren weist die Zuordnungstheorie den Mangel auf, daß sie eine Anzahl von Rechtsverhältnissen wie herkömmlich dem Privatrecht zurechnen will, wie aus der oben wiedergegebenen Beschreibung seiner Theorie durch *H. J. Wolff* hervorgeht, obwohl diese Rechtsverhältnisse nach dem *Wolff*schen Abgrenzungskriterium an sich dem öffentlichen Recht zuzurechnen wären. Dies gilt für die Sonderrechte des Staates als Fiskus[215] ebenso wie für die durch besondere Tarifordnungen geregelten

---

[212] S. dazu oben S. 30 f.

[213] Lb., S. 86. Dazu Verf. NJW 1963, 2232 f.

[214] So zutreffend *Bachof* ArchöffR Bd. 44 n. F. S. 228.

[215] Dazu *Bettermann* DVBl 1958, 867. *Menger* (VArch. Bd. 50 (1959) S. 198) versucht die privatrechtliche Natur damit zu rechtfertigen, daß „Sonderrecht" nur das Recht sei, das „allein und ausschließlich auf Träger oder sonstige Subjekte hoheitlicher Gewalt bezogen ist". Es muß dabei durch Ausrichtung auf ein Subjekt des öffentlichen Rechts eine „völlig abweichende objektivrechtliche Ausprägung" erfahren haben. Wann sollte aber eine solche „völlig abweichende objektivrechtliche Ausprägung" gegeben sein? Dieser Begriff würde die Zuordnung praktisch dem Belieben des Betrachters anheimgeben. Der verschwommene Begriff des

Arbeitsverhältnisse der Angestellten und Arbeiter im öffentlichen Dienst[216].

Schließlich ist auch nicht immer Einigkeit darüber zu erzielen, wann „Sonderrecht" vorliegt, wann also nicht jedermann, sondern nur ein Hoheitsträger verpflichtet oder berechtigt wird. Die Schwierigkeit taucht gerade dann auf, wenn es auf diesen Umstand ankommt. So sind die Anhänger der Zuordnungstheorie verschiedener Meinung zu der Frage, ob das gesetzliche Vorkaufsrecht der öffentlichen Hand dem öffentlichen Recht oder dem Privatrecht angehören soll[217].

Die modifizierte Subjektstheorie von *Otto Mayer* und *Enneccerus-Nipperdey* stellt hingegen nicht auf die Rechtssätze ab, sondern bestimmt das Vorliegen öffentlichen Rechtes danach, ob der Träger übergeordnete Hoheitsgewalt „in dieser seiner Eigenschaft" auftritt. Das kann nur bedeuten, daß die Subjektstheorie durch das Grundelement der Subjektionstheorie ergänzt wird: die Über- und Unterordnung. Mit diesem Kriterium befaßt sich der nächste Abschnitt.

6. Die Subjektionstheorie

Wenn auch die Zuordnungstheorie im Vordringen begriffen ist, so kann wohl immer noch die Subjektionstheorie, die bei Subordination eines an einem Rechtsverhältnis beteiligten Partners öffentliches Recht, bei Koordination Privatrecht annimmt, als herrschende Meinung angesehen werden[218]. Häufig wird die Subjektionstheorie allerdings mit Elementen anderer Theorien kombiniert. Als Beispiele solcher Kombinationen wurden bereits die Lehren von *Otto Mayer* und *Enneccerus-Nipperdey* erwähnt[219], die das Hauptkriterium der Subjektstheorie mit einbeziehen. Andere halten den Zweck der jeweiligen Regelung als zusätzliches Unterscheidungsmerkmal für wesentlicher, verbinden also die Subjektionstheorie mit der Interessentheorie[220]. Wieder andere verquicken sogar die Elemente der Subjektionstheorie mit denen der Interessen- und der Subjekts-

---

Staates als „Fiskus" bietet demgegenüber aber auch keine bessere Lösung (zur Kritik am Fiskusbegriff s. *Bullinger*, a. a. O., S. 200 ff.).

[216] Mit noch so geschickten Formulierungen kommt man nicht darum herum, daß es sich bei den Tarifordnungen für die im öffentlichen Dienst Beschäftigten um „Sonderrecht" der Hoheitsträger handelt.

[217] Vgl. *H. J. Wolff*, Lb., S. 261 einerseits und *Menger* VArch. Bd. 50 (1959) S. 197 andererseits. Dazu Verf. DVBl 1963, 34.

[218] *Eyermann-Fröhler*, a. a. O., Rdn. 3 zu § 40; *Fleiner*, a. a. O., S. 51; *Forsthoff*, Lb. S. 100; *Molitor*, a. a. O., S. 48; *Nikisch*, a. a. O., S. 37; *Radbruch*, a. a. O., S. 87; *Rosenberg*, a. a. O., S. 5; *Soergel-Siebert*, a. a. O., Einl. Rdn. 53. Bay VerfGH BayVGH n. F. 9 II 114 = BayVBl 1956, 274 Ensch. v. 10. 6. 1956; RGZ 125, 400 (Urt. v. 11. 10. 1929); 166, 226 (Urt. v. 10. 3. 1951); 107, 284 (Urt. v. 2. 10. 1941); BGHZ 14, 227, (Urt. v. 10. 4. 1954); BGH NJW 1957, 1957 = DÖV 1958, 862 (Urt. v. 5. 7. 1957).

[219] S. oben S. 31.

[220] *Lehmann*, a. a. O., S. 1 ff.; von *Turegg-Kraus*, a. a. O., S. 36 f.

theorie[221]. *Siebert* führt ebenfalls aus, daß eine Kombination der verschiedenen Theorien am fruchtbarsten sei[222].

Gegen die reine Subjektionstheorie wird insbesondere eingewendet, daß es auch im öffentlichen Recht Koordinationsverhältnisse gebe, während andererseits im Privatrecht Subordinationsverhältnisse festzustellen seien[223]. Das ist auch in der Tat der Fall. Gleichordnung ist im öffentlichen Recht vor allem im Bereich des Völkerrechts und des Staatsrechts anzutreffen. Hierzu ist aber mit *Nawiasky*[224] zu sagen, daß das Völkerrecht vornehmlich die Beziehungen zwischen Staaten und gleichgestellten Rechtsträgern regelt. Daß dabei die Stellung der Privatpersonen und ihr gegenseitiges Verhältnis keine oder nur eine nebensächliche Rolle spielt und daher kein Privatrecht gegeben sein kann, folgt aus der Natur des Gegenstandes. Das gleiche gilt für den Bereich des Staatsrechts: Auch hier scheidet für das gesamte Sachgebiet aus dem Wesen der Materie heraus Privatrecht aus. Ihren eigentlichen Sinn erfüllt eine Abgrenzungstheorie, wenn es gilt, Verwaltungsrecht und Zivilrecht auseinanderzuhalten.

Nun gibt es allerdings auch im Bereich des Verwaltungsrechts in Gestalt der öffentlich-rechtlichen Verträge Koordinationsverhältnisse. Der Grund dafür, warum auch die Verfechter der Subjektionstheorie die öffentlich-rechtlichen Verträge trotz der in ihnen zum Ausdruck kommenden Gleichordnung der Beteiligten zum öffentlichen Recht schlagen[225], liegt darin, daß die in den Verträgen behandelten Materien so eng mit dem Sachgebiet verknüpft sind, welches sonst nach dieser Theorie zum öffentlichen Recht zählt, daß der Zusammenhang eine einheitliche Einordnung nahelegt.

Das Problem dabei ist nur, wonach es sich bestimmt, wann ein Vertrag eine derart enge Verknüpfung mit den im Wege der Subordination geregelten Materien aufweist, daß er als öffentlich-rechtlich eingestuft werden kann.

Steffen versucht dieses Problem zu lösen, indem er auf die Wirkungen des Vertrages abstellt[226]. Die auf öffentlich-rechtlichem Gebiet liegenden Wirkungen müßten dabei unmittelbar beabsichtigt und zum Gegenstand der vertraglichen Einigung gemacht worden sein. Öffentlich-rechtlich sei ein Vertrag daher, wenn er auf die Begründung, Veränderung oder Aufhebung eines Rechtsverhältnisses des öffentlichen Rechtes gerichtet ist[227]. Bei Veränderung oder Aufhebung eines Rechtsverhältnisses des öffentlichen Rechtes kann dem ohne weiteres gefolgt werden. In diesem Falle soll der einmal begründete öffentlich-rechtliche Charakter eines Rechts-

---

[221] *Böhmer*, a. a. O., S. 166 f.; *Ruck*, a. a. O., S. 37.
[222] *Siebert*, FS, S. 217; vgl. auch *Soergel-Siebert*, Einl., Rdn. 55.
[223] *Germann*, a. a. O., S. 200; *H. J. Wolff*, Lb, S. 83.
[224] A. a. O., S. 275 f. Übereinstimmend von *Turegg-Kraus*, a. a. O., S. 38.
[225] Anders jedoch *Bullinger*, a. a. O., S. 246 ff.
[226] *Steffen*, a. a. O., S. 10. Vgl. auch *Stern* VArch., Bd. 49 (1958), S. 155.
[227] *Steffen*, ebenda, S. 11.

verhältnisses durch Abänderung oder Aufhebung nicht geändert werden. Der diese Abänderung oder Aufhebung bewirkende Rechtsakt kann dann notwendigerweise auch nur öffentlich-rechtlicher Natur sein, ungeachtet dessen, daß er durch das Zusammenwirken zweier Partner auf dem Boden der Gleichordnung zustande kommt.

Wenn aber auch ein Vertrag für öffentlich-rechtlich gehalten wird, der auf die Begründung eines Rechtsverhältnisses des öffentlichen Rechtes gerichtet ist, dann liegt darin letzten Endes ein Zirkelschluß. Ob ein Rechtsverhältnis des öffentlichen Rechtes begründet wird, muß die Subjektionstheorie in erster Linie dem Begründungsvorgang selbst entnehmen. Die Koordination beim Abschluß deutet aber gerade auf Privatrecht hin. Wenn von dieser Regel eine Ausnahme gemacht werden soll, dann ist das Merkmal der „Begründung eines Rechtsverhältnisses des öffentlichen Rechtes“ ungeeignet, da es ja auf das abstellt, was erst zu klären ist.

Imboden, der ebenfalls einen öffentlich-rechtlichen Vertrag annimmt, wenn die Wirkungen des Vertrages auf öffentlich-rechtlichem Gebiet liegen, vermeidet diesen Zirkelschluß, indem er die Grenzen der Privatautonomie der Hoheitsträger festlegt und jeden Vertrag, der darüber hinausgeht, dem öffentlichen Recht zuordnet[228]. Die Grenzen der Privatautonomie bestimmt *Imboden* dabei nach dem Kriterium, ob das Privatrecht für das in Frage kommende Rechtsverhältnis geeignet sei oder nicht[229]. Es erscheint aber bedenklich, die Zuordnung eines Rechtsinstitutes zum öffentlichen oder privaten Recht derart an Hand von bloßen Zweckmäßigkeitsgesichtspunkten zu entscheiden. Die Frage der „Geeignetheit des Privatrechts“ ist zu sehr von den verschiedenen subjektiven Anschauungen abhängig und als allgemeiner Maßstab daher schlecht verwendbar.

Nach *Eyermann-Fröhler*[230] ist auf die Interessentheorie zurückzugreifen. Maßgeblich soll sein, ob die das Rechtsverhältnis beherrschende Rechtsnorm überwiegend den Interessen der Gesamtheit oder dem Individualinteresse dient. Dagegen sprechen die gleichen Einwände, die gegen die *Nawiasky*sche Theorie im allgemeinen anzuführen sind[231].

Eine brauchbare Lösung auf dem Boden der Subjektionstheorie fand *Salzwedel*, der alle Verträge mit „hoheitlichem[232]“ oder „hoheitsbezogenem“ Charakter als öffentlich-rechtlich ansieht[233]. Zu diesen Verträgen zählt er solche, die Hoheitsbefugnisse oder Hoheitsverhältnisse begründen oder gestalten oder auch Normen, die ihrerseits auf die Begründung oder Gestaltung von Hoheitsverhältnissen gerichtet sind[234], ferner Verträge,

---

228 *Imboden*, a. a. O., S. 40.

229 Ebenda, S. 63.

230 A. a. O., Rdn. 5 zu § 40.

231 S. oben S. 30 f.

232 *Salzwedel* verwendet den Begriff „hoheitlich“ nicht in dem üblichen engen Sinne.

233 *Salzwedel*, a. a. O., S. 100. Vgl. auch *Peters*, Lb, S. 154 f. Ablehnend zur Salzwedelschen Auffassung äußert sich *Rupp* JuS 1961, 61.

234 *Salzwedel*, a. a. O., S. 84.

deren Inhalt seinen Ursprung in hoheitsrechtlichen Beziehungen hat[235], weiter solche, die Normen, Rechtsbefugnisse oder Rechtsverhältnisse begründen oder gestalten, die eine notwendige Voraussetzung für die Entstehung eines Hoheitsrechtsverhältnisses bilden und auf die Entstehung dieses Hoheitsrechtsverhältnisses abzielen[236], schließlich Verträge, in denen Normen, Rechtsbefugnisse oder Rechtsverhältnisse privatrechtlichen Inhalts in Ausübung einer Hoheitsbefugnis begründet oder gestaltet werden[237].

Für die Zwecke der vorliegenden Untersuchung auf eine einfachere Formel gebracht, bedeutet dies in etwa, daß Verträge dann öffentlich-rechtlicher Art sind, wenn sie die Ausübung von Hoheitsrechten oder die Erfüllung öffentlich-rechtlicher Pflichten betreffen[238].

Freilich bedeutet die Einbeziehung dieser Verträge ins öffentliche Recht eine Durchbrechung der Subjektionstheorie im strengen Sinne, da Vereinbarungen des aufgezeigten Inhalts nicht dem Privatrecht zugeordnet werden, obgleich sich die Beteiligten auf dem Boden der Gleichordnung gegenüberstehen. Da jedoch immer ein „hoheitsbezogener" Charakter der Verträge vorhanden sein muß, die Frage der Subordination bei der Bewertung dieser Rechtsverhältnisse also immer eine Rolle spielt, kann man von einer Subjektionstheorie im weiteren Sinne sprechen[239]. Der Einwand, daß es auch im öffentlichen Recht Koordinationsverhältnisse gibt, entkräftet somit die Subjektionstheorie nicht.

Aus dem Umstand, daß der Bürger dem Staat in den Rechtsschutzverfahren vor den Verwaltungsgerichten gleichgeordnet gegenübersteht, läßt sich erst recht kein Argument gegen die Subjektionstheorie herleiten[240]. Von der Gestaltung des Prozesses, welcher der Durchsetzung einer Rechtsnorm dient, kann nicht auf den Charakter dieser Norm und erst recht nicht eines Rechtsverhältnisses geschlossen werden[241]. Die Verfahrensnormen selbst aber stehen allgemein im Zeichen der Überordnung des Staates.

Es bedarf nunmehr der Auseinandersetzung mit dem Einwand, daß auch das Privatrecht Subordinationsverhältnisse aufweise. Subordinationsverhältnisse des Privatrechts sind in der Hauptsache die Kindschaftsverhältnisse (elterliche Gewalt, Muntgewalt des Vormundes) und die Arbeitsverhältnisse[242].

---

[235] Ebenda, S. 97.

[236] Ebenda, S. 98.

[237] Ebenda, S. 102.

[238] Dem entspricht das Urt. des BGH v. 25. 4. 1960 (BGHZ 32, 214 = DVBl 1960, 561) sowie das Urt. des BayVGH v. 26. 6. 1953 (VRspr 6 (1954) Nr. 43, S. 211 (215). S. ferner *Spanner,* Grenzen, S. 8 ff. m. weiteren Fundstellen.

[239] Vgl. *Salzwedel,* a. a. O., S. 90 ff.

[240] *A. A. Böhmer,* a. a. O., S. 165.

[241] *Nawiasky,* a. a. O., S. 282.

[242] *Böhmer,* a. a. O., S. 165.

Hier versagt die Subjektionstheorie in der Tat. Eine Lösung läßt sich nur durch Hereinnahme der Subjektstheorie finden: Die übergeordnete Stellung muß einem Hoheitsträger oder doch zumindest einem beliehenen Unternehmer zukommen.

Unter einem Hoheitsträger ist nach *H. J. Wolff*[243] der Staat, eine Religionsgemeinschaft oder ein Subjekt zu verstehen, das durch Staatsakt zur Wahrnehmung gemeinsamer Angelegenheiten einer über individuelle Beziehungen hinausgehenden Personenvielheit verpflichtet ist. Es lassen sich aber auf Grund der Vielfalt der rechtlichen Erscheinungsbilder in diesem Bereich sicher Fälle denken, in denen diese Formel nicht weiterhilft. Dann kann über den Charakter der in Frage stehenden juristischen Person lediglich die Rechtsform entscheiden, in der sie begründet ist. Die Verwendung einer Rechtsform, die herkömmlich als solche des Privatrechts angesehen wird, schließt den öffentlich-rechtlichen Charakter aus. Die Eigenschaft als juristische Person des öffentlichen Rechtes beruht, wo sie nicht herkömmlich gegeben ist wie bei Gebietskörperschaften und Kirchen, auf einer ausdrücklichen Verleihung durch Gesetz oder sonstige Staatsakte[244] oder läßt doch zumindest aus dem Sinngehalt der Bestimmungen entnehmen, auf Grund deren die Rechtsperson geschaffen wurde[245]. So deutet beispielsweise die Befreiung von der Körperschafts- und Vermögenssteuer auf eine juristische Person des öffentlichen Rechtes hin[246]. Nach *Bachof*[247] gibt es auch teilrechtsfähige Verbände des öffentlichen Rechts. Als beliehener Unternehmer ist ein Privatmann anzusehen, wenn Hoheitsgewalt auf ihn delegiert worden ist. Er ist insoweit Träger abgeleiteter Hoheitsgewalt[248].

Dem Einwand, daß es auch im öffentlichen Recht Koordinationsverhältnisse und im Privatrecht Subordinationsverhältnisse gebe, kann man also teils mit einer weiteren Fassung der Subjektionstheorie, teils durch Kombination mit der Subjektstheorie begegnen.

Des weiteren wird jedoch von *H. J. Wolff* gegen die Subjektionstheorie vorgebracht, es sei eine petitio principii, auf eine rechtliche Über- und Unterordnung abzustellen, da diese erst eine Folge des öffentlichen Rechtes sei[249].

Dieses Argument führt zu der Frage, an Hand welches Merkmals eines Rechtsverhältnisses die Über- und Unterordnung zu bestimmen ist. Wäre es nämlich aus Rechtsnormen zu entnehmen, die auf das Rechtsverhältnis Anwendung finden sollen, dann träfe der Einwand zu; denn es soll ja erst

---

243 Lb, S. 84. Seine frühere Begriffsbestimmung, die vom Verf., Diss., S. 44 kritisiert worden ist, hat *Wolff* aufgegeben.

244 *Molitor*, a. a. O., S. 35 f.

245 Ähnlich *Bachof* ArchöffR, Bd. 44 n. F. (1958) S. 269.

246 *Schüle* VVDStRL 11, 98 Fußn. 58.

247 ArchöffR Bd. 44 n. F. (1958) S. 208 ff.

248 *Eyermann-Fröhler*, a. a. O., Rdn. 67 zu § 42; *Huber*, Bd. I, S. 533; *Molitor*, a. a. O., S. 36.

249 *H. J. Wolff*, Lb., S. 83.

bestimmt werden, welche Rechtsnormen zum Zuge kommen sollen. Andererseits aber kann die Über- und Unterordnung nicht in rein tatsächlicher Hinsicht aufgefaßt werden, da sonst der Staat immer und in allen Bereichen nur als Träger hoheitlicher Gewalt denkbar wäre[250]. Die Über- und Unterordnung als Merkmal öffentlichen Rechtes muß sich auf die rechtliche Stellung des Hoheitsträgers beziehen.

Wie ist das aber möglich, ohne auf die Rechtsnormen als solche abzustellen? Dies läßt sich nur erzielen, indem man das rechtlich relevante Verhalten des Hoheitsträgers bzw. seiner Organe in den Mittelpunkt stellt[251]. Geben die handelnden Organe zu erkennen, daß sie dem Bürger als rechtlich Übergeordnete gegenübertreten wollen, liegt öffentliches Recht vor, begeben sie sich hingegen auf eine rechtlich gleiche Ebene, handelt es sich um Privatrecht. Das rechtlich relevante Verhalten der Organe des Hoheitsträgers entscheidet also, so daß zu Recht von einem Wahlrecht des Hoheitsträgers in Bezug auf die anzuwendende Rechtsform gesprochen werden kann[252]. Bloße Formaldeklaration reicht freilich nicht aus. Die Handlungsweise der Organe des Hoheitsträgers muß in sachlicher Hinsicht die Überordnung erkennen lassen. Unter dem Gesichtspunkt kann nun — wenn auch nicht ausschließlich — Bedeutung gewinnen, welcher Rechtsnormen sich die Organe bedienen. Nicht die Rechtsnormen als solche sind dann entscheidend, sondern ihre Verwendung durch den Hoheitsträger, mag diese im Einzelfall auch fehlerhaft sein.

Dabei ist das gesamte in Frage stehende Rechtsverhältnis ins Auge zu fassen. Aus dem Verhalten der Organe des Hoheitsträgers, in erster Linie aber aus der Art der Begründung und dem Maße der Mitwirkung des Bürgers bei der Ausgestaltung des Rechtsverhältnisses sowie aus der Durchsetzung der daraus erwachsenden Ansprüche muß geschlossen werden, ob der Hoheitsträger in übergeordneter Stellung aufgetreten ist, d. h. ob er sich auf den Boden des öffentlichen Rechtes gestellt hat.

In den Vordergrund ist hierbei der Begründungsvorgang zu rücken[253]. Kommt ein Rechtsverhältnis auf Grund einseitigen Aktes eines Hoheitsträgers zustande, so spricht dies für eine Zuordnung zum öffentlichen Recht[254]. Die einseitige Anordnung, der Verwaltungsakt also, ist das

---

[250] *Forsthoff* DVBl 1952, 167; *Rupp* DVBl 1958, 114.

[251] Ebenso *Forsthoff*, Lb., S. 360 in bezug auf öffentliche Anstalten.

[252] *Bachof* ArchöffR Bd. 44 n. F. S. 229; *Forsthoff*, Lb., S. 357; *Henze*, a. a. O., S. 43; *Peters*, Lb., S. 129; *Soergel-Siebert*, a. a. O., Vorbem. 79; BayVerfGH (Entsch. v. 20. 6. 1956) BayVGH n. F. 9 II 119 = BayVBl 1956, 274.

[253] A. A. ohne Begründung, *Siebert*, F. S., S. 224, dem sich BGHZ 20, 80 = DÖV 1956, 368 (Urt. v. 16. 2. 1956) angeschlossen hat. Danach soll der Begründungsvorgang unmaßgeblich sein.

[254] *Matti*, a. a. O., S. 49; *Osterwalder*, a. a. O., S. 67 f.; *Schindler*, a. a. O., S. 133; BVerfGE 8, 229 = NJW 1959, 139 Nr. 2 (Beschl. v. 28. 10. 1958); Schweizer BGE 50 II 293 (v. 9. 7. 1924).

typische Gestaltungsmittel der öffentlichen Gewalt[255] und damit Ausdrucksmittel des Subordinationsverhältnisses schlechthin[256]. Dem Bayerischen Kompetenzkonfliktsgerichtshof[257], der dies in Abrede stellt und die Möglichkeit einer einseitigen verbindlichen Anordnung auch für das bürgerliche Recht bejaht, wobei er zum Beleg auf die §§ 315, 316 BGB hinweist, kann nicht beigepflichtet werden. Diese Bestimmungen setzen nämlich bereits einen Vertrag voraus, in dem der eine Vertragspartner dem anderen Teil das Recht einräumte, die Leistung zu bestimmen. Seine Verpflichtung wird also nicht durch einseitige Anordnung begründet, sondern nur bestimmt und ausgestaltet. Das gleiche ist von anderen einseitigen Gestaltungsrechten des bürgerlichen Rechtes zusagen, die *Rupp*[258] zum Beweis dafür anführt, daß die einseitige Anordnung nicht dem öffentlichen Recht vorbehalten ist. Auch diese vermögen kein Rechtsverhältnis zu begründen.

Wenn die Begründung eines Rechtsverhältnisses durch einseitige Anordnung typisch für das öffentliche Recht ist, so deutet umgekehrt die Entstehung eines Rechtsverhältnisses durch beiderseitige Übereinkunft auf Privatrecht hin, es sei denn, es liegt ein öffentlich-rechtlicher Vertrag vor, dessen Eigenart auf andere Weise zu ermitteln ist.

In vielen Fällen läßt es sich jedoch nicht eindeutig klären, ob eine beiderseitige Übereinkunft oder eine einseitige Anordnung gegeben ist, da häufig der Hoheitsträger nur auf Antrag hin tätig wird oder sonstwie das Einverständnis des Betroffenen erforderlich ist. Dann hilft nur eine Vermutung weiter[259].

H. J. Wolff ging früher unter Hinweis auf die Rechtsprechung des Reichsgerichts ausschließlich von einer Vermutung für den privatrechtlichen Charakter eines Rechtsverhältnisses aus[260]. Dies begründete er damit, daß das öffentliche Recht ein Sonderrecht sei. Dagegen spricht aber, daß für den Hoheitsträger sein „Amtsrecht“, wie es *H. J. Wolff* bezeichnet, das Normale und nicht das Besondere sein muß. Dem trägt er nunmehr selbst Rechnung, indem er eine Vermutung für den öffentlich-recht-

---

[255] Vgl. Verf. DVBl 163, 34 f. In diesem Sinne auch *Jentsch* DÖV 1956, 299, der freilich die Subjektionstheorie für überholt hält.

[256] *Gygi*, Verwaltungsrecht und Privatrecht, S. 4; *Stern* VArch Bd. 49 (1958), S. 140 und 144.

[257] Urt. v. 17. 5. 1957, abgedruckt in der Entscheidungssammlung des BayObLGZ 57, 391.

[258] DVBl 1958, 114.

[259] Zu weit geht wohl das BVerwG (Urt. v. 23. 7. 1958) BVerwGE 7, 180 = NJW 1958, 2129, das es nicht bei einer Vermutung bewenden läßt, sondern bei der Erfüllung sozialstaatlicher Pflichten der Verwaltung sogar das Wahlrecht zwischen öffentlich-rechtlicher und privatrechtlicher Gestaltung überhaupt verwehren will. Nach diesem Urteil muß die öffentliche Hand bei den aus der Sozialstaatsverpflichtung erwachsenden Aufgaben die Formen des öffentlichen Rechtes verwenden.

[260] So noch in der 3. Aufl. des Lb., S. 80.

lichen Charakter einer Maßnahme aufstellt, wenn eine Behörde in ihrem hoheitlichen Kompetenzbereich gehandelt hat[261]. Damit nähert er sich der herrschenden Meinung, die annimmt, daß ein Hoheitsträger bei der Erfüllung der ihm übertragenen hoheitlichen Aufgaben im allgemeinen sich auch seiner hoheitlichen Befugnisse, in erster Linie also der einseitigen Anordnung, bedienen wird[262]. Die einseitige Anordnung ist die regelmäßige Form der Verwaltungstätigkeit[263]. Tritt der Hoheitsträger dem Bürger daher zwar unter dessen Mitwirkung, aber unter Einschränkung seiner Entschluß- oder Gestaltungsfreiheit bezüglich des beabsichtigten Rechtsverhältnisses gegenüber, so ist grundsätzlich eine einseitige Anordnung[264], d. h. also öffentliches Recht anzunehmen[265]. Zwar gibt es auch im Zivilrecht Einschränkungen der Entschluß- oder Gestaltungsfreiheit durch Kontrahierungszwang oder Allgemeine Geschäftsbedingungen[266], wird dem Bürger aber im öffentlichen Interesse auferlegt, mit einem Hoheitsträger in Rechtsbeziehungen zu treten, oder hat der Hoheitsträger für alle gleichgearteten Rechtsverhältnisse von vornherein bestimmte Regelungen getroffen, die wenig oder gar keinen Raum mehr für die Gestaltung des einzelnen Rechtsverhältnisses durch Vereinbarung mit dem Bürger lassen, dann müssen schon besondere Umstände vorliegen, die auf eine Zuordnung des Rechtsverhältnisses zum Zivilrecht hindeuten, wenn die öffentlichrechtliche Qualifikation verneint werden soll[267]. Fehlen solche besonderen

---

[261] *H. J. Wolff*, Lb. (4. Aufl.), S. 83; ebenso die 5. Aufl., S. 85.

[262] *Fleiner*, a. a. O., S. 60; *Hamann*, Rechtsstaat und Wirtschaftslenkung, S. 98; BGHZ 4, 266 (268) = NJW 1962, 466 (Urt. v. 20. 12. 1951).

[263] *Eyermann-Fröhler*, a. a. O., Rdn. 59 zu § 42; *Ruck*, a. a. O., S. 121.

[264] Bei der Einschränkung der Gestaltungsfreiheit des Bürgers ist *Kistler* (a. a. O., S. 68 ff.) a. A. Die einseitige Festlegung der Modalitäten des Rechtsgeschäftes durch den Hoheitsträger soll dieses nicht zur einseitigen Anordnung stempeln. *Kistler* nimmt vielmehr einen öffentlich-rechtlichen Vertrag an, wenn der Hoheitsträger unter Mitwirkung des Staatsbürgers, aber bei einseitiger Ausgestaltung des Rechtsverhältnisses durch den Hoheitsträger im öffentlichen Interesse tätig wird. Dieses Ergebnis entspricht jedoch nicht der Rechtslage in Deutschland.

[265] Übereinstimmend *Apelt*, a. a. O., S. 109; *Schindler*, a. a. O., S. 134; *Steffen*, a. a. O., S. 30 f.; Schweizer BGE 50 II 293 (Urt. v. 9. 7. 1924); bei Einschränkung der Entschlußfreiheit auch *Forsthoff*, Lb. S. 360, und *Imboden*, a. a. O., S. 54.

[266] Darauf weist besonders *Siebert*, F. S., S. 224 hin. S. ferner *Baur* JZ 1963, 45.

[267] Als solche besonderen Umstände sehen der BayVerfGH BayVGH n. F. 9 II 114/198 ff. = BayVBl 1956, 274 (Entsch. v. 20. 6. 1956) und der BayVGH (BayVBl 1955, 59, Urt. v. 21. 6. 1954; BayVBl 1958, 281, Urt. v. 27. 5. 1958) die Tatsache an, daß die Benutzung einer gemeindlichen Einrichtung nicht durch Satzung geregelt ist. Begründet wird dies damit, daß die Gemeinde beim Erlaß einer Satzung kraft ihrer Rechtssetzungsbefugnis dem Bürger eindeutig hoheitlich gegenübertritt. Wählt sie nicht diese Form, dann gibt sie damit zu erkennen, daß sie von der Möglichkeit, hoheitlich vorzugehen, keinen Gebrauch machen will.

Umstände, handelt es sich um einen Verwaltungsakt, den man auf Grund der Beteiligung des Bürgers als „mitwirkungsbedürftigen Verwaltungsakt" bezeichnet[268].

Demnach ist von einer Vermutung zugunsten öffentlich-rechtlichen Handelns des Hoheitsträgers auszugehen, allerdings nur dann, wenn er im unmittelbaren öffentlichen Interesse tätig wird; denn bei erwerbswirtschaftlichem Handeln macht der Staat nicht von seinen hoheitlichen Befugnissen Gebrauch, so daß eine Vermutung für öffentliches Recht fehl am Platze wäre.

Das zeigt, daß die Subjektionstheorie nicht nur durch die Subjektstheorie, sondern auch durch die Interessentheorie zu ergänzen ist[269].

Mit Hilfe einer solchen Vermutung für öffentliches Recht läßt sich der an sich richtige Einwand entkräften, auf dem Gebiete der Leistungsverwaltung sei die Über- und Unterordnung ein schwer erkennbares Unterscheidungsmerkmal[270].

Wie ist es nun aber mit der Subjektionstheorie in Einklang zu bringen, daß bürgerlich-rechtliche Schuldverhältnisse auch durch Verwaltungsakt, also durch einseitige Anordnung entstehen können[271], die doch Merkmal des öffentlichen Rechtes sein soll? Die Antwort auf diese Frage läßt sich mit Hilfe einer Analyse der in diesen Fällen entstehenden Rechtsbeziehungen finden: Privatrechtsgestaltende Verwaltungsakte, die ein bürgerlich-rechtliches Schuldverhältnis begründen, bezwecken nicht die Regelung eines Rechtsverhältnisses des Bürgers zu dem den Verwaltungsakt erlassenden Hoheitsträger, sie wollen vielmehr die Beziehungen der Staatsbürger untereinander gestalten[272]. Der privatrechtsgestaltende Verwaltungsakt dieser Art setzt somit gewissermaßen ein Dreiecksverhältnis voraus[273]: Der

---

[268] *Forsthoff*, Lb., S. 194 ff. *Otto Mayer* (Bd. I, S. 98) nannte ihn „Verwaltungsakt auf Unterwerfung" und Jellinek, a. a. O., S. 250, „zweiseitigen Verwaltungsakt"; s. auch *Apelt*, a. a. O., S. 109; *Bullinger*, a. a. O., S. 190 ff.; *Eyermann-Fröhler*, a. a. O., Rdn. 59 zu § 42; *Steffen*, a. a. O., S. 30 f.

[269] Dies kann im Einzelfall bereits bei der Bestimmung des Anwendungsbereiches einer bestimmten Rechtsform geschehen, wie hier durch die Ausschaltung der Darlehen und Bürgschaften öffentlicher Kreditinstitute, die nicht zu Subventionszwecken hingegeben werden (s. oben S. 20 und 22).

[270] So z. B. *Bullinger*, a. a. O., S. 20; *Spanner* DÖV 1963, 29.

[271] § 16 WohnraumbewirtschaftungsG (WohnBewG v. 31. 3. 1953 BGBl I S. 97, i. d. Fssg. des G. v. 23. 6. 1960 (BGBl I S. 389); § 10 SchwerbeschädigtenG (v. 16. 6. 1953) i. d. Fssg. v. 14. 8. 1961 (BGBl I S. 1234).

[272] *Flessa* DVBl 1957, 82; *Huber* DÖV 1956, 356; BVerwG (Urt. v. 7. 3. 1958) BVerwGE 6, 244 = NJW 1958, 1109 = DÖV 1958, 420.

[273] *Gygi*, Interventionsrecht, S. 82. Andere privatrechtsgestaltende Verwaltungsakte sind hingegen auch bei zweiseitigem Verhältnis möglich. Ein Beispiel dafür bildet die Enteignung, der älteste privatrechtsgestaltende Verwaltungsakt überhaupt (*Bürckner*, a. a. O., S. 60; *Gygi*, Verwaltungsrecht und Privatrecht, S. 8). Hier wird kein bürgerlich-rechtliches Schuldverhältnis zwischen dem enteignenden Hoheitsträger und dem betroffenen Staatsbürger begründet. Das

Hoheitsträger tritt den betroffenen Bürgern gegenüber mit übergeordneter Gewalt auf. Das Verhältnis dieser Bürger zum Staat ist daher öffentlich-rechtlich (mit der gewichtigen Folge, daß diese Anfechtungsklage erheben können, sofern das Rechtsschutzbedürfnis gegeben ist). Das Verhältnis der Bürger zueinander, das durch den Hoheitsakt gestaltet wird, bleibt im Bereich der Koordination und gehört daher dem Privatrecht an. Demzufolge spricht der privatrechtsgestaltende Verwaltungsakt selbst bei Begründung von bürgerlich-rechtlichen Schuldverhältnissen nicht gegen die Subjektionstheorie. Bei einseitiger Anordnung eines Hoheitsträgers ist das Verhältnis des Anordnenden zu den Betroffenen auch dann öffentlich-rechtlich, wenn durch diesen Akt ein Rechtsverhältnis von Personen gestaltet wird, die sich auf dem Boden der Gleichordnung, also auf privatrechtlicher Ebene bewegen.

Wenn die Subjektionstheorie — wie dargelegt — in erster Linie auf den Begründungsvorgang abstellt, so versagt diese Art der Abgrenzung jedoch bei Rechtsverhältnissen, die unmittelbar kraft Gesetzes entstehen, oder deren Zustandekommen an ein rein faktisches Verhalten von Menschen geknüpft ist. Beide Arten von Rechtsverhältnissen kommen sowohl im öffentlichen Recht als auch im Privatrecht vor. Öffentlich-rechtliche Rechtsverhältnisse, die unmittelbar kraft Gesetzes entstehen, sind z. B. die Verhältnisse zwischen Staat und Steuerpflichtigem, bürgerlich-rechtliche Rechtsverhältnisse dieser Art die Deliktsansprüche nach den §§ 823 ff. BGB. Rechtsverhältnisse, deren Zustandekommen an ein tatsächliches Verhalten von Menschen geknüpft ist, stellen im Privatrecht die Schuldverhältnisse kraft sozialtypischen Verhaltens dar, auch faktische Vertragsverhältnisse genannt. Es handelt sich um bürgerlich-rechtliche Schuldverhältnisse, die durch ein für den heutigen Massenverkehr typisches Verhalten begründet werden, das auf den Willen zum Vertragsschluß hindeutet[274]. Zwar wurde einmal versucht, diese Rechtsverhältnisse öffentlich-rechtlich zu deuten[275], die Meinung stieß aber zu Recht auf Ablehnung[276]. Öffentlich-rechtliche Rechtsverhältnisse, die durch bloße Inanspruchnahme seitens des Bürgers entstehen, sind beispielsweise die Fernmeldeverhältnisse[277].

Da hier der Begründungsvorgang über die rechtliche Natur des Rechtsverhältnisses nichts aussagen kann, ist in vermehrtem Maße bei den übrigen Merkmalen des Rechtsverhältnisses zu prüfen, ob sich daraus eine übergeordnete Stellung des Hoheitsträgers ableiten läßt.

Ein wesentlicher Anhaltspunkt kann dabei sein, ob der Hoheitsträger gegebenenfalls Verwaltungszwang anwenden will; denn es ist im allge-

---

zwischen beiden entstehende Rechtsverhältnis ist vielmehr öffentlich-rechtlicher Art. Die privatrechtsgestaltende Wirkung liegt allein in der Entziehung des Eigentums und dessen Übertragung auf den Hoheitsträger.

[274] BGHZ 21, 333 ff. (Urt. v. 15. 7. 1956).

[275] *Löning* ZAkDR 1942, 289 ff.

[276] *Spieß* ZAkDR 1942, 340 ff.; *Wieacker* ZAkDR 1943, 33 ff.

[277] *Aubert*, a. a. O., S. 148.

meinen unzulässig, im Rahmen privatrechtlicher Rechtsverhältnisse Verwaltungszwang auszuüben[278]. Grundsätzlich ist allerdings die Möglichkeit, mit Verwaltungszwangsmitteln vorzugehen, erst eine Folge der Zuordnung zum öffentlichen Recht[279]. In den Fällen aber, in denen der Begründungsvorgang nichts über den Charakter des Rechtsverhältnisses auszusagen vermag, also dann, wenn es kraft Gesetzes oder kraft tatsächlichen Verhaltens von Menschen entsteht, muß der Wille des Hoheitsträgers aus den Rechtsnormen entnommen werden, die er auf die so zustande gekommenen Rechtsverhältnisse angewandt wissen will. Unterwirft er den Bürger dem Verwaltungszwang, so ist das ein gewichtiger Hinweis auf ein Subordinationsverhältnis[280].

So sind Steuern und andere Abgaben wegen der Möglichkeit zwangsweiser Beitreibung öffentlich-rechtlicher Natur[281]. Hier auf die zugrundeliegenden Rechtsnormen abzustellen, ist kein Zirkelschluß[282], da die Rechtsverhältnisse durch diese erst geschaffen oder doch zumindest (bei den Rechtsverhältnissen kraft faktischen Verhaltens) bestimmt und ausgestaltet werden, so daß die anzuwendenden Rechtsnormen feststehen und nicht erst aus der Natur des Rechtsverhältnisses abzuleiten sind, wie es sonst der Fall ist. Der Hoheitsträger kann hier nur auf gesetzgeberischem Wege von seinem „Wahlrecht", seine Aufgaben in öffentlich-rechtlicher oder privatrechtlicher Form zu erfüllen, Gebrauch machen.

Wird nun aber ein Hoheitsträger einem Privatmann gegenüber einseitig zum Handeln verpflichtet, dann kann die Beurteilung des Verhältnisses zwischen Berechtigtem und verpflichtetem Hoheitsträger nicht gut auf Subordination bzw. Koordination gegründet werden. Den Verfechtern der Subjektionstheorie bleibt dann — ebenso wie bei den öffentlich-rechtlichen Verträgen — nur die Möglichkeit, an den Sachzusammenhang anzuknüpfen. Sie müssen die Rechtsnatur des Verhältnisses davon abhängig machen, welches Handeln dem Hoheitsträger auferlegt ist. Wird er zu öffentlich-rechtlichem Vorgehen angehalten (wie es beim subjektiven öffentlichen Recht der Fall ist), liegen öffentlich-rechtliche Rechtsbeziehungen vor. Soll er privatrechtlich tätig werden, was beim Kontrahierungszwang gegeben ist, scheidet von Anfang an öffentliches Recht aus[283]. Bei

---

[278] *H. J. Wolff* JZ 1953, 554; BayVGH BayVBl 1958, 283 (Urt. v. 27. 5. 1958) und BayVBl 1959, 30 (Beschl. v. 26. 6. 1958); a. A. *Siebert*, F. S., S. 224. Dies verstößt aber gegen den von *Siebert*, F. S., S. 229 vertretenen Grundsatz der einheitlichen Behandlung der Rechtsverhältnisse.

[279] BayVGH, ebenda.

[280] *Salzwedel*, a. a. O., S. 229; BGHZ 9, 397 (Gutachten v. 6. 10. 1952).

[281] Dementsprechend ordnen auch *Kötter-Ziemer-Siara*, a. a. O., Anm. I 1 zu § 1 IHG, die Aufbringungspflicht nach dem IHG unter die öffentlich-rechtlichen Zahlungsverpflichtungen ein, weil erforderlichenfalls eine Festsetzung und Beitreibung nach RAO erfolgen kann.

[282] Dies rügt *Nawiasky*, a. a. O., S. 282.

[283] *Nipperdey*, Kontrahierungszwang, S. 85 ff., spricht allerdings von einer öffentlich-rechtlichen Wurzel des Kontrahierungszwanges. Daraus ist aber m. E.

Schadensersatz-, Erstattungs- und Entschädigungsansprüchen ist dieser Weg allerdings nicht gangbar, weil das vom Hoheitsträger verlangte Handeln — für sich betrachtet — sowohl privatrechtlich als auch öffentlich-rechtlich sein könnte. Hier läßt sich die Einteilung nach dem Sachzusammenhang danach bestimmen, ob ein öffentlich-rechtliches oder ein privatrechtliches Handeln des Hoheitsträgers den Grund für den Anspruch abgegeben hat[284].

Aus dem engen Zusammenhang mit den Materien, die im Wege der Über- und Unterordnung geregelt werden, läßt sich schließlich auch erklären, daß der Bereich der schlichten Hoheitsverwaltung[285] zum öffentlichen Recht gehört; denn ihrem Wesen nach läßt diese Art der Verwaltungstätigkeit weder Subordination noch Koordination erkennen. Sie schließt keinen Hoheitsakt gegenüber Dritten in sich, bringt aber auch nicht unmittelbare Rechtsbeziehungen auf dem Boden der Gleichordnung mit den Bürgern hervor[286].

7. Ergebnis der Ausführungen zum Theorienstreit

Die vorangegangenen Überlegungen haben gezeigt, daß selbst von den heute vorherrschenden Abgrenzungstheorien keine völlig befriedigt. Ihre Anwendung läßt sich stets nur mit Krücken und Stützen durchführen. Angesichts der wandelnden Anschauungen im Laufe der Zeit, in der sich die Abgrenzung von öffentlichem und privatem Recht herausbildete und verfestigte, nimmt das auch nicht Wunder. Immerhin aber erscheint die Subjektionstheorie, wenn man sie nicht in engem Sinne auffaßt und durch Elemente der Subjekts- sowie der Interessentheorie ergänzt, noch immer

---

nicht zu folgern, daß der Kontrahierungszwang selbst dem öffentlichen Recht zuzurechnen ist, vor allem auch im Hinblick darauf, daß bei mangelnder gesetzlicher Vorschrift der Kontrahierungszwang aus der bürgerlich-rechtlichen Norm des § 826 BGB hergeleitet wird. Der Verpflichtete müßte ja dann auch vor den Verwaltungsgerichten auf Abgabe einer privatrechtlichen Willenserklärung verklagt werden, was nicht gerade sinnvoll erscheint. Abzulehnen ist daher die Ansicht des BayVerfGH (Entsch. v. 20. 6. 1956, BayVGH n. F. 9 II 119 = BayVBl 1956, 274) und des BayVGH (Urt. v. 21. 6. 1954, BayVBl 1955, 59) sowie des VGH Württemberg-Hohenzollern (Urt. v. 13. 12. 1951, DÖV 1952, 184), die einen Anspruch darauf, öffentliche Einrichtungen der Gemeinde benutzen zu dürfen, dem öffentlichen Recht zuordnen, selbst wenn das Benutzungsverhältnis privatrechtlich geregelt ist. *Bartholomeyczik*, a. a. O., Anm. 4 zu § 6 EnWG; *Huber* Bd. I S. 483; *Surén-Loschelder*, a. a. O., Erl. 3 zu § 17 DGO, S. 294 treten im Gegensatz zu Bitter, Diss., S. 117 f., und *Eiser-Riederer*, a. a. O., Erl. 3 b zu § 6 EnWG, auch für die privatrechtliche Natur des Kontrahierungszwanges ein.

[284] Ebenso *H. J. Wolff*, Lb., S. 86; a. A. *Bötticher* ZZP 1952, 44, der dieser genetischen Betrachtungsweise eine finale vorzieht.

[285] Der Ausdruck stammt von *Jellinek*, a. a. O., S. 22, wird dort aber in anderem Sinne als hier gebraucht. Dazu *Mallmann* VVDStRL 19 (1961) S. 168 ff.

[286] *Huber*, Bd. I, S. 53; BGH NJW 1957, 1597 = DÖV 1958, 862 (Urt. v. 5. 7. 1957); KG (Urt. v. 18. 9. 1956) NJW 1957, 1076 m. abl. Anm. *Schneider*.

als die geeignetste Abgrenzungstheorie. Dem entsprechen die vielfach geäußerten Ansichten, daß eine Kombination der verschiedenen Theorien die beste Lösung wäre[287]. Die Subjektionstheorie, die bei dieser Kombination die Grundlage bilden soll, hat vielleicht eben doch am meisten dazu beigetragen, die heute herrschende Meinung über die Einordnung einzelner Institute zu prägen und wird so noch am ehesten der Aufgabe der Theorie gerecht, die historisch gewachsenen Erscheinungen in einen größeren Sinnzusammenhang einzuordnen und aus diesem heraus dann wiederum die einzelne Institution zu deuten[288]. Das soll nicht heißen, daß das Merkmal der „Über- und Unterordnung" den Untertanengeist von einst wieder lebendig machen sollte[289], sondern nur, daß die Befugnisse des Staates und anderer Hoheitsträger auch im Rahmen des rechtsstaatlichen Gefüges weiter gehen als die des Staatsbürgers[290]. Bei der rechtssystematischen Ableitung der Rechtsform der Subventionen in Deutschland ist daher die Subjektionstheorie, ergänzt durch Elemente der Subjekts- und der Interessentheorie, zugrundelegen.

KAPITEL VI

Folgerungen aus dem Ergebnis zum Theorienstreit

1. Der Grundsatz der einheitlichen Behandlung eines Rechtsverhältnisses

Legt man bei der Abgrenzung des öffentlichen vom Privatrecht in erster Linie die Subjektionstheorie zugrunde, dann ergibt sich als wichtige Folgerung, daß jedes Rechtsverhältnis einheitlich zu behandeln ist[291]; denn der Hoheitsträger kann nicht zugleich öffentlich-rechtlich, also im Über- und Unterordnungsverhältnis, und privatrechtlich, also gleichgeordnet auftreten[292]. Wenn er durch sein Verhalten zu erkennen gegeben hat, daß er in der einen oder in der anderen Stellung tätig werden will, so bezieht

---

[287] S. oben S. 34 f.

[288] *Köttgen*, Die erwerbswirtschaftliche Betätigung der öffentlichen Hand und das öffentliche Recht, S. 5.

[289] Davor warnt eindringlich *Spanner* DÖV 1963, 29.

[290] *Huber* Bd. I, S. 57.

[291] *Jellinek*, a. a. O., S. 50; *Ernst Wolf*, a. a. O., S. 12; vor allem aber *Apelt*, a. a. O., S. 132: „Die konsequente Fortentwicklung des öffentlichen Rechts mit der Richtung seiner Verselbständigung und der logischen Durchbildung seiner Rechtsformen führt zu dem neuen Grundsatze der Einheitlichkeit und inneren Geschlossenheit der Verwaltungsrechtsinstitute. Dies bedeutet, daß das Rechtsverhältnis nicht teilbar ist, und nur in seiner Gesamtheit und mit allen seinen unmittelbaren Rechtswirkungen dem einen oder anderen Gebiet zugehören kann." Vgl. auch BVerfG (Beschl. v. 28. 10. 1958) BVerfGE 8, 229 = NJW 1959, 139, Nr. 2.

[292] *Otto Mayer*, Bd. I, S. 118.

sich das auf das ganze Rechtsverhältnis. Besonders deutlich wird dies dann, wenn der Begründungsvorgang — wie in den meisten Fällen — über den Charakter des Rechtsverhältnisses entscheidet. Notwendigerweise muß sich die so festgestellte Zuordnung auf das gesamte Rechtsverhältnis erstrecken. Bemerkenswert ist, daß auch *H. J. Wolff* den Grundsatz der einheitlichen Behandlung eines Rechtsverhältnisses vertritt[293], obwohl er doch die Subjektionstheorie ablehnt und die von ihm geschaffene Zuordnungstheorie nicht zu einheitlicher Behandlung der Rechtsverhältnisse zwingt[294].

Die Notwendigkeit einer einheitlichen Betrachtung wird von *Molitor* bestritten[295]. Er bezieht den Unterschied von öffentlichem und privatem Recht nicht auf den Organismus des ganzen Rechtsverhältnisses, sondern auf den einzelnen Anspruch[296]. Wenn aber der Begründungsvorgang bei einem Rechtsverhältnis das gewichtigste Indiz für dessen Rechtsnatur ist, muß dem zwangsläufig die Natur der einzelnen Ansprüche entsprechen, die dem Rechtsverhältnis erwachsen[297]. Wenn *Molitor* den Begründungsvorgang als Indiz für Über- und Unterordnung bzw. Gleichordnung für belanglos hält[298] und wenn er auch die Art der Durchsetzung nicht für maßgeblich erachtet[299], dann ist nicht recht ersichtlich, woran er eigentlich die Über- und Unterordnung bzw. Gleichordnung erkennen will, die auch er als Unterscheidungsmerkmal zwischen öffentlichem und privatem Recht verwendet[300]. Die Möglichkeit einer unterschiedlichen Behandlung einzelner Ansprüche desselben Rechtsverhältnisses bedeutet auch eine unnötige Aufsplitterung dieser Einheit. Daß aus einem Lebenssachverhalt verschiedenartige Rechtsverhältnisse entspringen können, dieser also gleichzeitig eine öffentlich-rechtliche und eine privatrechtliche Seite aufweisen kann, ist kein Argument für die Theorie *Molitors*, da zwischen dem Lebenssachverhalt und dem Rechtsverhältnis ein Unterschied zu machen ist[301]. Der Anspruchstheorie *Molitors* ist daher nicht zu folgen. An der einheitlichen Betrachtung eines Rechtsverhältnisses ist festzuhalten.

Demgegenüber könnte man auf die gemischten Rechtsverhältnisse im Recht der öffentlichen Sachen hinweisen[302]. Infolge der jüngsten Gesetzgebung im Bereich des Wegerechts ist aber diese Auffassung im Ab-

---

[293] *H. J. Wolff*, Lb., S. 86.

[294] Vgl. Verf. NJW 1962, 2233.

[295] A. a. O. S. 52 ff. Dem hat sich *Stern* VArch Bd. 49 (1958) S. 153 angeschlossen.

[296] *Molitor*, ebenda, S. 51.

[297] Ebenso *Ernst Wolf*, S. 11 f. Er will allerdings die Lehre *Molitors* nur gegen eine bestimmte Auffassung vom „Rechtsverhältnis" gerichtet wissen (a. a. O., S. 10).

[298] *Molitor*, a. a. O. S. 54.

[299] Ebenda, S. 56.

[300] Ebenda, S. 60.

[301] *H. J. Wolff*, Lb. S. 85. S. aber *Molitor*, a. a. O., S. 54.

[302] Vgl. *Clasen* DÖV 1959, 281 ff.

bröckeln[303], eine Entwicklung, die im Interesse klarer rechtlicher Verhältnisse nur zu begrüßen ist; denn sonst würde ein vom Gesetzgeber einheitlich gedachter Vorgang in sinnwidriger Weise auseinandergerissen werden[304]. Ein Rechtsverhältnis sollte nicht als teilbar angesehen werden und in seiner Gesamtheit nur dem öffentlich-rechtlichen oder dem privatrechtlichen Bereich angehören[305].

2. Rechtssystematische Einwände gegen die gemischten Rechtsverhältnisse bei den Subventionen

Die Konstruktion gemischter Rechtsverhältnisse stellt einen Verstoß gegen den Grundsatz der einheitlichen Behandlung eines Rechtsverhältnisses dar. Weder die einstufig gemischte noch die zweistufig gemischte Rechtsform paßt in das auf der Scheidung öffentlich-rechtlicher und privatrechtlicher Rechtsverhältnisse beruhende deutsche System. Daß dennoch immer wieder einmal solche Konstruktionen auftauchen, erklärt sich aus der Schwierigkeit, neuartige Probleme des menschlichen Sozialverhaltens sogleich in angemessener Weise rechtlich zu erfassen und zu bewältigen. Dies gilt in besonderem Maße für die Subventionen[306]. Mag es im Anfang berechtigt sein, die rechtssystematischen Bedenken zurückzustellen, um die neuen Probleme pragmatisch angehen zu können, so muß nach einiger Zeit doch versucht werden, ob sich die Probleme nicht auch lösen lassen, wenn man den rechtssystematischen Einwänden Rechnung trägt[307]. Um diesen Versuch unternehmen zu können, bedarf es zunächst noch einer ausführlichen Darstellung der rechtssystematischen Einwände. Möglicherweise trägt das zur Klärung der Zusammenhänge bei.

a) *Einwände gegen die einstufig gemischte Konstruktion*

Nach der einstufig gemischten Betrachtungsweise ist die Bewilligung der Subvention als Verwaltungsakt mit unmittelbar privatrechtsgestaltender Wirkung anzusehen. Eine solche Wirkung ordnet aber kein Gesetz an, wie es an sich erforderlich wäre[308]. Wenn einige Subventionsgesetze von Darlehen und Bürgschaften reden, so genügt diese Terminologie nicht, um daraus eine privatrechtsgestaltende Wirkung des Bewilligungsaktes abzu-

---

[303] Dazu eingehend *Schack*, VArch Bd. 54 (1963), S. 43 ff., insbes. S. 67; *Spanner*, Grenzen, S. 10 ff.

[304] *Spanner* DVBl 1958, 725.

[305] *Apelt*, a. a. O., S. 132. Ebenso *Jentsch* DÖV 1956, 300; *Ruck*, a. a. O., S. 40.

[306] Vgl. *Forsthoff*, Die Verwaltung als Leistungsträger, S. 22; *Krüger* DVBl 1955, 380.

[307] In diesem Sinne äußert sich *Ipsen* selbst (DVBl 1962, 137).

[308] Übereinstimmend *Flessa*, DVBl 1957, 82. *Obermayer* (JZ 1962, 378) möchte allerdings der Subventionsbewilligung nach den Wohnungsbaugesetzen privatrechtsgestaltende Wirkung beimessen. Als Anhaltspunkt dafür käme höchstens § 102 des 2. WoBauG in Betracht. Dieser betrifft aber lediglich den Rechtsweg.

leiten[309]. Nicht der Wortlaut, sondern Sinn und Zweck einer Vorschrift sind für die Auslegung maßgeblich. Die Verwendung von Begriffen, die dem Zivilrecht entstammen, kann aus diesem Grunde eine unschädliche falsa demonstratio bedeuten[310]. Gibt der Gesetzgeber einem Rechtsverhältnis in der Sache öffentlich-rechtliche Wesenszüge, indem er den Staatsbürger der einseitigen Bestimmungsmacht der hoheitlichen Gewalt unterwirft, dann kann er es nicht dadurch zu einem privatrechtlichen stempeln, daß er ihm einen dem Privatrecht entnommenen Namen beilegt[311]. Die Lehre muß in diesem Punkt erzieherisch auf den Gesetzgeber einwirken, um ein systemloses Nebeneinander von öffentlichem und Privatrecht zu vermeiden[312]. Dies kann vor allem im Sinne einer korrigierenden Auslegung geschehen. In diesem Sinne ist *Otto Mayer* zu verstehen, wenn er dem Gesetzgeber die Macht abspricht, ein substantiell öffentlich-rechtliches, d. h. vom einseitigen Wirken hoheitlicher Gewalt beherrschtes Rechtsverhältnis, durch Formaldeklaration in ein privatrechtliches zu verwandeln[313].

Daß der Gesetzgeber allerdings einem Verwaltungsakt durch entsprechende sachliche Ausgestaltung privatrechtsgestaltende Wirkung beimessen kann, ist seit der grundlegenden Arbeit von *Bürckner*[314] unbestritten. Das Privatrecht kann durch Verleihung, Entziehung oder Beschränkung von Eigentum, durch Begründung, Genehmigung, Vernichtung oder Veränderung von Verträgen und auf andere Weise gestaltet werden[315]. Der Hoheitsträger kann sich sogar selbst an die Stelle eines bisher Beteiligten als Partner eines Vertrages setzen, wie es bei der Ausübung eines gesetzlichen Vorkaufsrechtes der öffentlichen Hand der Fall ist, wenn man die Ausübung als Verwaltungsakt ansieht[316]. Lediglich Verwaltungsakte, die unmittelbar einen bürgerlich-rechtlichen Vertrag[317] zwischen Hoheitsträger

---

[309] *A. A. Henze*, a. a. O., S. 71; *Reuter* a. a. O., S. 232.

[310] So zutreffend *Ipsen*, Konstruktionsfragen, S. 602 und 606, für die „Übernahmeverträge" (vgl. dazu Verf., Diss., S. 65 ff.). Das gilt aber auch für die Subventionen (*Menger*, VArch Bd. 52 [1961] S. 316).

[311] *Huber* DÖV 1956, 356.

[312] *Köttgen*, Die erwerbswirtschaftliche Betätigung der öffentlichen Hand und das öffentliche Recht, S. 4.

[313] *Otto Mayer*, Bd. I, S. 117, Fußn. 6; ebenso BayVerfGH (Entsch. v. 20. 6. 1956) BayVGH n. F. 9 II 120 = BayVBl 1956, 275.

[314] A. a. O. Anders noch *Otto Mayer*, Bd. I S. 118: „Es gibt keine öffentlichrechtliche Rechtsinstitute mit unmittelbarer zivilrechtlicher Wirkung. Die Wirkung ist ein Teil des Rechtsinstitutes und kann nicht anderer Natur sein als dieses."

[315] *Huber*, Bd. I., S. 78 ff.

[316] Dazu *Menger*, VArch. Bd. 53 (1962) S. 393 ff.; *Ule*, VwGO, Anm. IV 1 b zu § 42; OVG Münster (Beschl. v. 16. 11. 1961) NJW 1962, 653 = JZ 1962, 321; VG Neustadt an der Weinstraße (DVBl 1962, 761) m. Anm. Verf. DVBl 1963, 34 ff. jeweils mit weiteren Nachweisen.

[317] An sich bezeichnet man im Privatrecht den Vertragsschluß, das gegen-

und Staatsbürger begründen, sind aus rechtssystematischen Gründen ausgeschlossen, weil ein Verwaltungsakt seinem Wesen als Hoheitsakt nach unmittelbar nur ein öffentlich-rechtliches Rechtsverhältnis zum Bürger begründen kann[318]. Vertragsbegründende privatrechtsgestaltende Verwaltungsakte setzen ein Dreiecksverhältnis voraus[319]. Gerade dieses fehlt aber bei den Subventionen: Es stehen sich nur der subventionierende Hoheitsträger und der begünstigte Bürger gegenüber; der Akt der Bewilligung der Finanzhilfe begründet keine Rechtsbeziehung des Subventionierten zu einem Dritten. Ein Verwaltungsakt mit unmittelbar vertragsbegründender Wirkung[320], wie ihn die einstufig gemischte Rechtsform voraussetzt, läßt sich dann nur dadurch herbeiführen, daß man annimmt, der Hoheitsträger trete in gespaltener Rechtsnatur auf, nämlich als Hoheitsträger, soweit es den Entstehungsvorgang des Rechtsverhältnisses angeht, dagegen als Privatrechtssubjekt, soweit es sich um das Rechtsverhältnis selbst und um die aus ihm erwachsenden Ansprüche und Verpflichtungen handelt. Diese Konstruktion erscheint aber gewaltsam[321].

b) *Einwände gegen die zweistufig gemischte Konstruktion*

Bei der zweistufigen Rechtsform bleibt zwar der Grundsatz gewahrt, daß ein Verwaltungsakt unmittelbar nur ein öffentlich-rechtliches Rechtsverhältnis mit dem Adressaten begründen kann, weil zum Zustandekommen der zivilrechtlichen Rechtsbeziehungen des „Erfüllungsgeschäftes" erst noch der Abschluß eines zivilrechtlichen Vertrages zwischen dem Hoheitsträger und dem Bürger erforderlich ist. Dennoch ergeben sich auch hiergegen rechtssystematische Einwände.

Es ist nämlich nicht möglich, die Beteiligten bei Abschluß des „Erfüllungsvertrages" als gleichgeordnet anzusehen. Dies wäre jedoch nach der hier zugrunde gelegten Subjektionstheorie nötig, wenn ein zivilrechtlicher

---

seitige Übereinkommen der Partner als „Vertrag" (*Nipperdey*, Beiträge, S. 103). Es hat sich aber eingebürgert, auch das ursprünglich allein aus dem Vertrag entstehende Schuldverhältnis (im Sinne eines Organismus) „Vertrag" zu nennen (*Nipperdey*, ebenda, Anm. 50). Kommt daher ein Schuldverhältnis auf andere Weise zustande, dann kann man dafür gleichwohl die Bezeichnung „Vertrag" gebrauchen. Daraus erklären sich die Ausdrücke „faktische Verträge" und „diktierte Verträge".

[318] Vgl. *Jentsch* DÖV 1956, 300; *Otto Mayer* Bd. I S. 118.

[319] S. oben S. 42 f. Zur Möglichkeit einer Ausnahme bei hoheitlicher Einweisung in ein Krankenhaus des einweisenden Hoheitsträgers s. Verf., Diss., S. 63 ff.

[320] D. h. ohne privatrechtliche Willenserklärung des Hoheitsträgers. Zum Zustandekommen des Vertrages ist natürlich noch die Annahme des im Verwaltungsakt liegenden Angebots durch den Bürger notwendig (*Obermayer* JZ 1962, S. 375 f.).

[321] *Huber* DÖV 1956, 368. Dessen Beweisführung hat sich das BVerwG in bezug auf die „Übernahmeverträge" in seinem Urt. v. 7. 3. 1958 (BVerwGE 6, 244 ff. = NJW 1958, 1109 = DÖV 1958, 420) angeschlossen.

Vertrag vorliegen sollte. Die Gleichordnung fehlt deshalb, weil die inhaltliche Ausgestaltung, die der vorausgehende Verwaltungsakt dem Rechtsverhältnis gegeben hat, für das „Erfüllungsgeschäft" maßgeblich sein soll[322]. Für eine freie Vereinbarung der Partner ist dann kein Raum mehr. Da ein Hoheitsträger an dem Rechtsverhältnis notwendigerweise beteiligt ist, spricht die oben aufgestellte Vermutung[323] für öffentliches Recht. Läßt man die Terminologie außer acht, finden sich keine Anhaltspunkte für eine zivilrechtliche Natur des Rechtsverhältnisses. Im Gegenteil: Auf öffentlich-rechtliche Natur deutet die These hin, daß der Abschluß des „Erfüllungsgeschäftes" nur den Vollzug des vorangehenden Verwaltungsaktes darstellen soll[324]. Mit zivilrechtlichen Verträgen hat ein solcher Vollzug nichts gemein. Es ist schlecht vorstellbar, daß der Hoheitsträger dem Bürger zuerst hoheitlich gegenübertritt und als Übergeordneter einen Verwaltungsakt erläßt, um sich dann in derselben Angelegenheit zur Durchführung des Verwaltungsaktes auf den Boden der Gleichordnung zu begeben[325]. *Imboden* bezeichnet infolgedessen die Zweistufigkeitslehre als Scheinkonzeption[326].

Tatsächlich ist es auch so, daß sich in der Praxis längst nicht immer ein zweistufiges Vorgehen der Verwaltung feststellen läßt. In diesen Fällen versagt die Zweistufenlehre sowieso. Bei den verlorenen Zuschüssen ist sogar stets nur ein Akt des Hoheitsträgers festzustellen, weil sich das Rechtsgeschäft in der Gewährung der finanziellen Hilfe erschöpft[327]. Bei den Subventionsdarlehen mag es Fälle geben, in denen der Akt der Bewilligung von der Niederlegung der Einzelheiten des „Vertrages" in einer Urkunde unterschieden werden kann[328], die Regel

---

[322] So *Ipsen,* Subv., S. 83 f. = DVBl 1956, 608; *Dürig* in *Maunz-Dürig,* a. a. O., Anm. 138 zu Art. 1 Abs. 3 GG, Fußn. 1.

[323] S. oben S. 42.

[324] *Dickmann* ZLA 1956, 1; *Henze,* a. a. O., S. 66, 87; *Soergel-Glaser,* a. a. O., Rdn. 46 zu § 839 BGB.

[325] In diesem Sinne auch das BVerwG für die „Übernahmeverträge" in seinem Urt. v. 7. 3. 1958 (BVerwG 6, 244 ff. = NJW 1958, 1109 = DÖV 1958, 420); anders aber BVerwG in seinem Urt. v. 6. 6. 1958 (BVerwGE 7, 89 = NJW 1959, 115 m. Anm. *Obermayer* = DÖV 1958, 667 m. Anm. *Flessa* DÖV 1959, 106).

[326] A. a. O., S. 162.

[327] So auch *Ipsen,* Subv. S. 63 = DVBl 1956, 603.

[328] Von den bei *Ipsen,* Rechtsgutachten, S. 8 ff., zum Beweis für „zweiaktiges" Vorgehen der Verwaltung angeführten Beispielen betreffen aber nur zwei Darlehen. Von diesen läßt § 1 der 1. DVO zum G über Handelsschiffbaudarlehen (BGBl 1951 I S. 69) keineswegs eindeutig dieses Vorgehen erkennen (was *Ipsen,* ebenda, S. 8, selbst einräumen muß). Beim zweiten Beispielfall (Verwaltungsanordnung des Senats der Hansestadt Hamburg über die Förderung des sozialen Wohnungsbaues v. 16. 1. 1951, Amtl. Anzeiger 1951, S. 87) handelt es sich nur um eine Verwaltungsvorschrift, die für die rechtliche Konstruktion der Darlehenshingabe nicht verbindlich ist (Vgl. *Haueisen* DÖV 1959, 6 und BSG Urt. v. 4. 9. 1958, BSGE 8, 130 = DVBl 1959, 69).

ist dieses zweiaktige Vorgehen aber nicht[329]. Aus diesem Grunde befürwortet *Krüger* die Möglichkeit, in einer privatrechtlichen Willenserklärung zugleich einen Verwaltungsakt zu erblicken[330].

Dagegen erheben sich die schon gegenüber der einstufig gemischten Konstruktion geäußerten Bedenken, da der Verwaltungsakt, der gleichzeitig als privatrechtliche Willenserklärung angesehen wird, ja dann unmittelbar ein bürgerlich-rechtliches Schuldverhältnis zum Entstehen brächte. Im Unterschied zu der einstufigen Betrachtungsweise, bei der das Handeln des Hoheitsträgers wenigstens noch ausschließlich dem öffentlichen Recht zugeordnet wird[331], muß die Zweistufentheorie im Falle „einaktigen" Vorgehens des Hoheitsträgers dieses sowohl dem öffentlichen als auch dem privaten Recht zurechnen. Dies verbietet sich aber nicht nur aus rechtssystematischen, sondern auch aus Praktikabilitätsgesichtspunkten. Aus rechtssystematischen Gründen ist ein Akt, der den zwei Rechtsbereichen angehört, ausgeschlossen[332], weil ein Hoheitsträger nur entweder als Übergeordneter oder als Gleichgeordneter auftreten kann, beides zugleich ist logisch unmöglich[333]. Es wäre auch völlig ungeklärt, welche Gesichtspunkte für die Entscheidung der wichtigen Frage maßgeblich sein sollten, wann ein Verwaltungsakt zugleich eine privatrechtliche Willenserklärung darstellt. Es ergibt sich ferner die Gefahr, daß die Gültigkeit des Aktes verschieden beurteilt werden kann, je nachdem, unter welchem Blickwinkel man ihn betrachtet. Es ist allerdings einzuräumen, daß sich Fälle denken lassen, in denen man nicht umhin kommt, einem Akt sowohl öffentlichrechtliche als auch privatrechtliche Qualität zuzuerkennen[334]. Dann muß man sich mit der Annahme behelfen, daß uno actu eine öffentlich-rechtliche und eine privatrechtliche Handlung vorgenommen werden[335]. Zu dieser Hilfskonstruktion sollte aber nur Zuflucht genommen werden, wenn keine andere Lösung im Bereich der Möglichkeit liegt, da die Rechtssicherheit klare rechtssystematische Unterscheidungen verlangt. Bei den Subventionen besteht kein zwingender Grund, zu diesem Hilfsmittel zu

---

[329] *Flessa*, DVBl 1957, 83 und 120.

[330] *Krüger*, BB 1953, 565. Ebenso BVerwG (Urt. v. 6. 6. 1958) BVerwGE 7, 89; anders aber im Urt. v. 8. 3. 1962, NJW 1962, 1535.

[331] Vgl. *Obermayer* 1962, 377, nach dessen Konstruktion der Hoheitsträger zwar Privatrechtssubjekt als Partner des durch Verwaltungsakt begründeten bürgerlich-rechtlichen Rechtsverhältnisses wird, aber ohne deswegen eine privatrechtliche Willenserklärung abgeben zu müssen.

[332] So schon Verf., Diss., S. 70. Ebenso *Flessa* DVBl 1957, 82 und DÖV 1959, 106; VGH Kassel NJW 1956, 1653 (Urt. v. 15. 5. 1956). Dem angeschlossen hat sich *Obermayer* JZ 1962, 377. Vgl. auch RGZ 162, 365 f. (Urt. v. 19. 7. 1940); BGHZ 2, 43 = NJW 1952, 219 (Urt. v. 23. 4. 1951); BGHZ 6, 314 = NJW 1952, 1211 (Urt. v. 19. 6. 1952); BVerwG NJW 1962, 1535 (Urt. v. 8. 3. 1962).

[333] *Otto Mayer*, Bd. I, S. 118.

[334] Vgl. *Klein* JuS 1962, 353.

[335] So jedenfalls *Eyermann-Fröhler*, a. a. O., Rdn. 30 zu § 40; *Obermayer* JZ 1962, 377. S. auch *Soergel-Glaser*, a. a. O., Rdn. 46 zu § 839.

greifen; denn sein einziger Zweck wäre, die Zweistufenlehre auch dann aufrechtzuerhalten, wenn sich nicht zwei unterscheidbare Handlungen des Hoheitsträgers feststellen lassen[336].

Die Notwendigkeit solcher Gedankengebäude spricht gegen eine zweistufige Betrachtungsweise.

Bei Subventionsbürgschaften läßt sich allerdings stets eine zweistufige Konstruktion halten. Es ist nämlich die Regel, daß sich die Entscheidung des Hoheitsträgers darüber, ob dem Antrag des Staatsbürgers auf Gewährung einer Bürgschaft zu entsprechen ist, vom Abschluß des zivilrechtlichen Bürgschaftsvertrages unterscheidet[337]. Daß dem so sein muß, wird ohne weiteres verständlich, wenn man das Wesen der Bürgschaft betrachtet: Der Bürge verpflichtet sich gegenüber dem Gläubiger eines Dritten, für die Schulden des Dritten einzustehen[338]. Für die Subventionsbürgschaften ergibt sich daraus folgendes:

Die Zusage einer Bürgschaft wird dem Schuldner gegenüber abgegeben. Darin kann man einen Verwaltungsakt erblicken, und zwar den Verwaltungsakt der Bewilligung einer Subventionsleistung. Verwirklicht kann diese Bewilligung aber nur werden durch Abschluß eines bürgerlich-rechtlichen Vertrages mit dem Gläubiger des Begünstigten. Die erste (öffentlich-rechtliche) Stufe betrifft also das Verhältnis des begünstigten Staatsbürgers zu dem die Subvention gewährenden Hoheitsträger, die zweite (privatrechtliche) Stufe regelt das Verhältnis des subventionierenden Hoheitsträgers zu dem Gläubiger. Daß auf dieser zweiten Stufe die Beteiligten gleichgeordnet sind, sich also im Bereich des Privatrechts bewegen, erhellt daraus, daß für das Zustandekommen des Bürgschaftsverhältnisses mit dem Gläubiger eine vertragliche Übereinkunft erforderlich ist.

Die Zweistufigkeit der Subvention in Gestalt einer Bürgschaft folgt somit aus der Tatsache, daß drei Beteiligte vorhanden sind: Bürge, Schuldner und Gläubiger. Das Verhältnis zwischen dem die Bürgschaft versprechenden Hoheitsträger und dem Staatsbürger, für dessen Schulden er sich verbürgen will, kann öffentlich-rechtlich beurteilt werden. Der Abschluß des Bürgschaftsvertrages selbst begründet rein privatrechtliche Beziehungen zu einer anderen Person, nämlich dem Gläubiger des Begünstigten. In Wahrheit handelt es sich dabei nicht um e i n zweistufiges Rechtsverhältnis, sondern um zwei voneinander verschiedene Rechtsverhältnisse mit verschiedenen Partnern[339].

Erfolgt dem zu unterstützenden Bürger gegenüber die besondere Zusage der Refinanzierung, so gilt das gleiche wie für die Bürgschaft: In

---

[336] Vgl. *Menger* VArch Bd. 54 (1963) S. 100, dem in diesem Punkt nicht gefolgt werden kann.

[337] Vgl. *Ipsen,* Rechtsgutachten, S. 6 und 8 ff.; *Flessa* NJW 1954, 538; BGH (Urt. v. 26. 6. 1961) WM 1961, 1143; OVG Münster (Beschl. v. 27. 3. 1953) DVBl 1953, 578.

[338] Vgl. § 765 Abs. 1 BGB.

[339] Ebenso *Eyermann-Fröhler,* a. a. O., Rdn. 46 zu § 40 (am Ende).

erster Stufe wird dem Subventionierten die Zusage erteilt, daß er in Form eines Refinanzierungsdarlehens begünstigt wird[340]. In Erfüllung dieser Zusage schließt der Hoheitsträger auf der zweiten Stufe einen privatrechtlichen Refinanzierungsvertrag mit dem Darlehensgeber des Subventionierten.

Da demnach bei Subventionsbürgschaften wie auch bei der Zusage der Refinanzierung stets ein zweistufiges Vorgehen der Verwaltung notwendig ist, war der Ausgangspunkt der Zweistufenlehre völlig richtig; denn *Ipsen* entwickelte sie zuerst für die Filmproduktionsbürgschaften[341]. Freilich handelt es sich nicht um ein zweistufiges Rechtsverhältnis. Deswegen ist eine Ausdehnung der zweistufigen Betrachtungsweise auf andere Arten von Subventionen, bei denen sich nicht drei Beteiltigte, sondern nur der subventionierende Hoheitsträger und der begünstigte Bürger gegenüberstehen, fehl am Platze.

Betrachtet man schließlich aus rechtssystematischer Sicht die Theorie *Hamanns,* der eine zweistufige Konstruktion unter weitgehender Verschränkung der öffentlich-rechtlichen und privatrechtlichen Elemente des Rechtsverhältnisses verficht[342], dann kommt zu den bereits aufgezeigten Bedenken gegen zweistufige Rechtsverhältnisse noch hinzu, daß diese enge Verschränkung zu einer unheilbaren Verwirrung führen würde. Jede innerhalb des Rechtsverhältnisses vorgenommene Rechtshandlung müßte öffentlich-rechtliche und privatrechtliche Züge tragen, was zu verschiedener rechtlicher Beurteilung zwingen könnte, je nachdem, unter welchem Aspekt man die Handlung ansieht. Ein derartiges Gemisch ist mit der unserem Rechtssystem eigenen Scheidung in öffentliches und privates Recht nicht vereinbar. Es würde auch jeglicher Rechtssicherheit widersprechen, da die bei einer solchen Gemengelage unterschiedlichen rechtlichen Beurteilungen die Regel wären[343].

3. Begründung einer rein öffentlich-rechtlichen Beurteilung des Subventionsverhältnisses

Das Rechtsverhältnis zwischen dem subventionierenden Hoheitsträger und dem begünstigten Bürger ist nach den vorangegangenen Überlegungen einheitlich zu behandeln. Die Konstruktion gemischter Rechtsverhältnisse, sei es nun in einstufiger oder auch in zweistufiger Form, stößt auf zu gewichtige rechtssystematische Einwände. Die Subventionsverhält-

---

[340] *Flessa* (DVB 1957, 118 ff.) will einen Unterschied zwischen der Subventionszusage und dem sog. „Direktvertrag“ machen. Das erscheint sehr gekünstelt.

[341] Vgl. *Ipsen,* Rechtsgutachten, S. 5 ff. Zutreffend daher auch Urt. des BGH v. 26. 6. 1961 (WM 1961, 1143), wo es sich ebenfalls um eine Ausfallbürgschaft für die Filmwirtschaft drehte. Zu kritisieren ist bei dieser Entscheidung lediglich, daß beiläufig die zweistufige Konstruktion auf Subventionsdarlehen ausgedehnt wird.

[342] S. oben S. 8.

[343] In diesem Sinne auch *Henze,* a. a. O., S. 81 f.

nisse können demzufolge nur mehr eine rein öffentlich-rechtliche oder eine rein privatrechtliche Rechtsform aufweisen.

Welche der beiden findet Anwendung? Nach den Ergebnissen zum Theorienstreit kann es nur die öffentlich-rechtliche Rechtsform sein. Das ist noch näher zu begründen:

Bei der Vergabe von Subventionen wird der Hoheitsträger unmittelbar im öffentlichen Interesse tätig. Daß dem Subventionsempfänger ein finanzieller Vorteil gewährt wird, ist lediglich Mittel zum Zweck[344]. Der eigentliche Sinn liegt in der Erfüllung einer öffentlichen Aufgabe[345], die von mannigfaltigster Art sein kann, häufig aber der Wirtschaftslenkung dienen wird.

Damit spricht die Vermutung dafür, daß Subventionsverhältnisse öffentlich-rechtlicher Natur sind[346]. Es müßten schon gewichtige Gründe dafür vorhanden sein, daß sich die Verwaltung bei der Erfüllung öffentlicher Aufgaben des Privatrechts bedient. Solche Gesichtspunkte, welche die Vermutung für öffentlich-rechtliches Handeln entkräften können, lassen sich jedoch im Regelfall nicht finden. Im Gegenteil: Die Subventionsverhältnisse weisen Merkmale auf, welche die Zuordnung zum öffentlichen Recht noch unterstreichen.

So ist dem Staatsbürger durch das Antragserfordernis[347] zwar eine gewisse Mitwirkung beim Eingehen des Rechtsverhältnisses eingeräumt. Von einer freien Vereinbarung auf dem Boden der Gleichordnung kann aber keine Rede sein. Dazu ist die Gestaltungsfreiheit des Bürgers zu sehr eingeschränkt[348]. Die Voraussetzungen für die Gewährung einer Subvention werden stets durch die Subventionsverwaltung einseitig festgelegt, ohne daß dem Staatsbürger die Möglichkeit eingeräumt ist, in wichtigeren Punkten Einfluß auf die Ausgestaltung des Subventionsverhältnisses zu nehmen[349]. Bei den Eingliederungsdarlehen aus Mitteln des Lastenausgleiches ist die einseitige Bestimmung der Einzelheiten des Rechtsverhältnisses durch den Leiter des Ausgleichsamtes in Form eines Bescheides sogar gesetzlich verankert[350]. In der Regel werden die Modalitäten des Rechtsverhältnisses nicht von Fall zu Fall festgelegt, sondern durch allgemeine Richtlinien und Verwaltungsanordnungen für alle gleichliegenden Fälle einheitlich[351]. Wenn *Henze* diese weitgehende Regelung und Typisierung

---

[344] *Ipsen*, Subv., S. 65 = DVBl 1956, 604.

[345] *Schindler*, a. a. O., S. 134; BVerwG (Urt. v. 19. 12. 1958) NJW 1959, 1098; BGH (Urt. v. 26. 6. 1961) WM 1961, 1143.

[346] Vgl. BGH (Urt. v. 26. 6. 1961) WM 1961, 1143.

[347] Dazu BVerwG (Urt. v. 24. 6. 1960) DÖV 1961, 426.

[348] Übereinstimmend *Bellstedt* DÖV 1961, 168; *Hamann* BB 1953, 866. Vgl. auch *Ule*, Staatszeitung für Rheinland-Pfalz 1954, Beilage 2.

[349] Vgl. *Henze*, a. a. O., S. 99. Für die Schweiz: *Schindler*, a. a. O., S. 133; Schweizer BGE 50 II 293 (v. 9. 7. 1924).

[350] §§ 345, 347 LAG.

[351] Vgl. z. B. die gemäß § 319 LAG ergangene Weisung des Präsidenten des Bundesausgleichsamtes v. 21. 10. 1952 über Aufbaudarlehen für die gewerbliche

der Rechtsverhältnisse mit den im Privatrecht vorkommenden Allgemeinen Geschäftsbedingungen gleichsetzt[352], so widerspricht er sich damit selbst, da er dem Akt der Gewährung hoheitlichen Charakter beimißt. Wären die Verwaltungsanordnungen der Subventionsverwaltung wirklich den Allgemeinen Geschäftsbedingungen gleichzusetzen, dann könnten sie nur für das Zivilrecht maßgeblich sein und auf den hoheitlichen Akt der Gewährung keinen Einfluß haben. *Henze* nimmt jedoch selbst an, daß die Bedingungen, welche die Verwaltung dem Bürger auferlegen will, im allgemeinen bereits in dem gewährenden Verwaltungsakt enthalten sein sollen[353]. Auf diese Weise beschränkt sich die Mitwirkung des Bürgers darauf, den Antrag auf Gewährung einer Subvention zu stellen[354]. Diese Art der Mitwirkung an einem Verwaltungsakt kommt aber sehr häufig vor und ändert nichts an dem hoheitlichen Charakter des Subventionierungsaktes[355].

Neben der Einschränkung der Gestaltungsfreiheit des Bürgers deutet noch die weitgehende Bindung, der dieser unterliegt[356], auf öffentliches Recht hin. Bisweilen wird dem Subventionierten sogar eine Auskunftspflicht gemäß der VO über Auskunftspflicht vom 13. Juli 1923[357] aufgebürdet[358], die dem auskunftsberechtigten Hoheitsträger ziemlich weitreichende Befugnisse einräumt. Bezeichnend ist, daß *Henze*, der an sich für eine zivilrechtliche Abwicklung des Rechtsverhältnisses eintritt, das Auskunftsersuchen als Verwaltungsakt einstufen will[359].

Wirtschaft und die freien Berufe (Bundesanzeiger Nr. 211) i. d. Fassg. v. 10. 7. 1953 (Bundesanzeiger Nr. 147), v. 5. 7. 1954 (MtBl BAA S. 193), v. 27. 2. 1956 (MtBl BAA S. 370) und v. 9. 12. 1957 (Bundesanzeiger Nr. 245); die Weisung des Präsidenten des Bundesausgleichsamtes über Aufbaudarlehen für den Wohnungsbau i. d. Fssg. v. 3. 12. 1956 (Bundesanzeiger Nr. 248, MtBl BAA 1956, 543) mit den Änderungen der Weisung v. 9. 12. 1957 (Bundesanzeiger Nr. 245); Richtlinien des Bundesministers für Wohnungsbau und des Bundesausgleichsamtes für den Einsatz der Bundesmittel für den sozialen Wohnungsbau 1958 v. 9. 12. 1957 (Bundesanzeiger Nr. 246). S. im übrigen *Schäfer-Teege*, a. a. O., S. 220 ff.

[352] *Henze*, a. a. O., S. 84.

[353] *Henze*, a. a. O., S. 65.

[354] *Ipsen* Subv., S. 61 f. = DVBl 1956, 603. Die dadurch bedingte Abschlußfreiheit unterliegt allerdings im Gegensatz zu den „Übernahmeverträgen" (s. Verf., Diss., S. 77) im allgemeinen keinen Beschränkungen.

[355] *Eyermann-Fröhler*, a. a. O., Rdn. 59 zu § 42; *Matti*, a. a. O., S. 49.

[356] Vgl. *Henze*, a. a. O., S. 65 f. und 85. S. auch 1. DVO zum G über Darlehen zum Bau und Erwerb von Handelsschiffen v. 22. 12. 1950 (BGBl 1951 I S. 69) und die BürgschaftsVO v. 30. 7. 1951 (BGBl I S. 483).

[357] RGBl I S. 699.

[358] Vgl. § 12 des G über die Verwaltung des ERP-Vermögens v. 31. 8. 1953 (BGBl I S. 1312); ferner § 6 des G zur Förderung der deutschen Eier- und Geflügelwirtschaft v. 31. 3. 1956 (BGBl I S. 239) i. d. Fssg. d. G v. 27. 7. 1961 (BGBl I S. 1081), v. 26. 7. 1962 (BGBl I S. 465) und v. 14. 6. 1963 (BGBl I S. 401).

[359] *Henze*, a. a. O., S. 85.

Die Argumente, die demgegenüber für die privatrechtliche Betrachtungsweise ins Feld geführt werden, vermögen die Zuordnung der Subventionsverhältnisse zum öffentlichen Recht nicht zu widerlegen.

Flessa hält wegen der Unzulänglichkeit der gemischten Konstruktion an der zivilrechtlichen Rechtsform fest. Dieser Gesichtspunkt wird aber in dem Augenblick hinfällig, in dem eine brauchbare öffentlich-rechtliche Lösung vorhanden ist. Diese Lösung zu finden, versucht die vorliegende Arbeit.

Henze führt als Beleg für die zivilrechtliche Abwicklung der Subventionsverhältnisse an, daß allein das Zivilrecht Rechtsformen entwickelt habe, die auf solche Rechtsverhältnisse passen, und daß das öffentliche Recht keine entsprechenden Rechtsformen aufzuweisen habe. Die verlorenen Zuschüsse sollen dagegen dem öffentlichen Recht angehören, da die Vorschriften des bürgerlichen Rechtes für diese nicht geeignet seien[360]. Diese Argumentation überzeugt aber nicht. Darin klingt zu sehr die überholte Rechtsformentheorie *Hubers*[361] an. Welche Rechtsformen Anwendung finden sollen, richtet sich nach der Zuordnung zum einem oder zum anderen Rechtsbereich. Zudem bleibt *Henze* den Beweis dafür schuldig, daß die rein öffentlich-rechtliche Rechtsform ungeeignet zur Bewältigung der auftauchenden Probleme sei. Ebensowenig greift das weitere Argument *Henzes* durch, daß nach der positiven Regelung vom Darlehensnehmer im allgemeinen Sicherheitsleistung verlangt werden kann[362], was bei öffentlich-rechtlichem Charakter der Subventionsdarlehen nicht möglich wäre[363]. Von der Möglichkeit, vom Darlehensnehmer Sicherheitsleistung zu verlangen, kann nicht auf die privatrechtliche Natur des Rechtsverhältnisses geschlossen werden; denn auch für Ansprüche, die im öffentlichen Recht wurzeln, kann eine Sicherheit bestellt werden, so beispielsweise eine Hypothek[364]. Ausgeschlossen ist lediglich die Bestellung einer Hypothek für öffentliche Lasten des Grundstücks, und zwar wegen § 10 Abs. 1 Nr. 3 ZVG, der sowieso für diese Lasten ein Recht auf bevorzugte Befriedigung aus dem Grundstück gewährt[365]. Die Rückzahlungspflicht, die aus einem Subventionsdarlehen erwächst, ist jedoch keine Last, die auf einem Grundstück ruht, sondern eine persönliche Verpflichtung des Darlehensnehmers, so daß hierfür auch bei öffentlich-rechtlicher Einordnung eine hypothekarische Sicherung zulässig ist.

Die rein privatrechtliche Rechtsform der Subventionsverhältnisse entspricht eben nicht mehr den heutigen Rechtsanschauungen. Dies wird dadurch bestätigt, daß die herrschende Lehre und Rechtsprechung wenigstens die erste Stufe dieser Rechtsverhältnisse dem öffentlichen Recht zu-

---

[360] *Henze*, a. a. O., S. 76 ff., 98 f.

[361] S. oben S. 27.

[362] Vgl. BVerwGE 6, 117 (Urt. v. 16. 1. 1958).

[363] *Henze*, a. a. O., S. 75.

[364] KG OLG 16 (1908) S. 163 (Beschl. v. 27. 6. 1907).

[365] KG HRR 8 (1932) Nr. 63 (v. 2. 7. 1931).

stößt, bleibt nur mehr eine rein öffentlich-rechtliche Betrachtungsweise übrig, wie sie sich auch in der Schweiz herausgebildet und als praktikabel erwiesen hat[366]. Bei der weitgehenden Übereinstimmung der rechtlichen Gegebenheiten in der Schweiz und in Deutschland ist eine unterschiedliche Behandlung der Subventionen in beiden Ländern nicht recht einzusehen. Der in der Schweiz bereits vor längerer Zeit vollzogene Schritt zu rein öffentlich-rechtlicher Betrachtungsweise ist auch in Deutschland zu tun. Geben doch sogar die Anhänger der Zweistufenlehre zu, daß der Inhalt des angeblich zivilrechtlichen Teiles des Rechtsverhältnisses „weitgehend publizistisch gestaltet und modifiziert, vielleicht sogar mit Elementen angefüllt ist, die atypisch sind für die fragliche zivilrechtliche Beziehung[367]“. Das Naheliegendste wäre doch dann, nach Schweizer Vorbild die rein öffentlich-rechtliche Lösung zu übernehmen. Auch bei den „Übernahmeverträgen“ kam man ja schließlich über eine gemischte Konstruktion zu ausschließlich öffentlich-rechtlicher Beurteilung[368].

Eine solche Lösung wird hier auch für die Subventionen vertreten. Weder gemischte noch rein privatrechtliche Rechtsformen sind beim Regelfall eines Subventionsverhältnisses am Platze. Nur ausnahmsweise, wenn besondere Anhaltspunkte dafür vorhanden sind, kann eine Subventionierung in privatrechtlicher Form vorgenommen werden. Dies ist insbesondere dann anzunehmen, wenn der Hoheitsträger die Vergabe der finanziellen Leistungen einer Privatperson zur selbständigen Erledigung überträgt, mag diese Person des Privatrechts auch erst von der öffentlichen Hand geschaffen und finanziert sein[369]. Es fehlt die Beteiligung eines Hoheitsträgers bzw. eines beliehenen Unternehmers am Rechtsverhältnis, die nach der hier zugrunde gelegten Kombination der Subjektions-, Subjekts- und Interessentheorie für die Anwendung der öffentlich-rechtlichen Rechtsform ordnet. Da eine gemischte Konstruktion auf schwerwiegende Einwände erforderlich wäre. Praktisch verbirgt sich zwar hinter der Person des Privatrechts die öffentliche Hand, entscheidend ist aber die nach außen erkennbare private Rechtsform der in Frage stehenden juristischen Person[370]. Danach richtet sich die Rechtsform der von dieser Person eingegangenen Rechtsverhältnisse. Von einem beliehenen Unternehmer kann nicht gesprochen werden, da eine gesetzliche Übertragung hoheitlicher Befugnisse

---

[366] S. oben S. 9 f.

[367] *Ipsen*, Subv. S. 66 f. = DVBl 1956, 604 f., unter Bezugnahme auf *Köttgen* DVBl 1953, 490 („Den Verträgen fehlt trotz weitgehend zivilrechtlicher Durchgestaltung nicht jeder publizistische Gehalt“); *Siebert*, F. S., S. 237 ff.

[368] Vgl. *Huber* DÖV 1956, 356; *Ipsen*, Konstruktionsfragen, S. 607; BVerwG (Urt. v. 7. 3. 1958) BVerwGE 6, 244 = NJW 1958, 1107 m. zust. Anm. *Obermayer* = DÖV 1958, 419.

[369] Ein passendes Beispiel ist die Darlehenskasse der Bayerischen Studentenwerke und Studentenhilfen e. V., die selbständig Darlehen an Studenten vergibt.

[370] *Huber*, Bd. I, S. 122 spricht von „wirtschaftsadministrativen Unternehmen in privater Rechtsform“.

fehlt[371]. Der Hoheitsträger hat dadurch, daß er eine solche Person schuf und sie zur selbständigen Vergabe finanzieller Hilfen einsetzte, von seinem Wahlrecht zwischen öffentlich-rechtlicher und privatrechtlicher Rechtsform zugunsten der privatrechtlichen Gebrauch gemacht[372], mögen manche dies auch wegen des verminderten Rechtschutzes bedauern[373]. Es darf dabei aber nicht übersehen werden, daß der Bürger auch bei privatrechtlicher Gestaltung nicht völlig ohne Rechtsschutz dasteht[374].

4. Ergebnis

Als Ergebnis kann daher festgehalten werden, daß für die Subventionen im allgemeinen eine rein öffentlich-rechtliche Rechtsform anzunehmen ist. Ausnahmsweise kann bei besonderen Anhaltspunkten eine privatrechtliche Betrachtungsweise richtig sein. Dies gilt insbesondere dann, wenn eine Person des Privatrechts mit der selbständigen Vergabe öffentlicher Förderungsmittel betraut ist. Bei Subventionsbürgschaften sowie bei der Refinanzierung ist das privatrechtliche Bürgschafts- oder Darlehensverhältnis des Hoheitsträgers mit dem Gläubiger des subventionierten Staatsbürgers vom eigentlichen Subventionsverhältnis zwischen Hoheitsträger und begünstigtem Bürger, das rein öffentlich-rechtlich zu beurteilen ist, zu unterscheiden.

KAPITEL VII

Die öffentlich-rechtliche Rechtsform

1. Subventionsverhältnisse als öffentlich-rechtliche Verträge?

Der öffentlich-rechtliche Vertrag beruht ebenso wie der privatrechtliche auf der Koordination der Partner[375]. Da die hier bei den Subventionen für richtig gehaltene öffentlich-rechtliche Rechtsform[376] aber in erster Linie aus der einseitigen Anordnungsbefugnis des Hoheitsträgers

---

[371] Unzutreffend *Scholz*, a. a. O., S. 154 f.

[372] Dieses Wahlrecht muß der Subventionsverwaltung genauso wie anderen Verwaltungszweigen zugestanden werden (ebenso *Flessa* DVBl 1957, 120). Bedenklich daher BVerwG (Urt. v. 23. 7. 1958) BVerwGE 7, 180 = NJW 1958, 2129, wonach sich die Verwaltung jedenfalls bei der Erfüllung sozialstaatlicher Pflichten hoheitlicher Formen bedienen muß.

[373] *Huber*, Bd. I, S. 122, empfiehlt aus diesem Grunde, die „wirtschaftsadministrativen Unternehmen in privater Rechtsform" möglichst in öffentlich-rechtliche Formen umzuwandeln. Er befürwortet vor allem die Form der öffentlich-rechtlichen Stiftung.

[374] Davon geht offenbar *Scholz*, a. a. O., S. 155 ff. aus.

[375] *Forsthoff*, Lb., S. 253.

[376] Der Fall, daß die Vergabe der Subvention selbständig von einer Person des Privatrechts erledigt wird, soll dabei außer acht bleiben.

und der sich daraus ergebenden Subordination des Staatsbürgers abgeleitet wurde, liegt auf der Hand, daß für den öffentlich-rechtlichen Vertrag als Unterart der öffentlich-rechtlichen Rechtsform kein Raum ist. Dies gilt zumindest für den Regelfall, für den die Rechtsform nur bestimmt werden soll[377]. Ausnahmsweise können jedoch die Umstände einmal so liegen, daß der Bürger mit dem Hoheitsträger die Bedingungen der Subventionierung frei aushandelt[378]. Ein Anwendungsfall wäre z. B. ein Vergleich über Subventionsleistungen[379]. Dann stehen beide auf dem Boden der Gleichordnung. Kommt das Rechtsverhältnis zustande, stellt sich die Frage, ob man einen öffentlich-rechtlichen Vertrag annehmen könnte oder ob ein privatrechtliches Vertragsverhältnis gegeben ist[380].

Die Antwort ergibt sich aus dem oben[381] aufgestellten Kriterium des öffentlich-rechtlichen Vertrages: Er muß hoheitsbezogenen Inhalt aufweisen. Danach gehört ein Subventionsvertrag dem öffentlichen Recht an, wenn der Hoheitsträger an sich zu hoheitlichem Handeln verpflichtet ist, sich aber dennoch auf den Boden der Gleichordnung begibt[382].

Nach dem Urteil des BVerwG vom 23. Juli 1958[383] besteht eine solche Verpflichtung bei der Erfüllung sozialstaatlicher Aufgaben. Diese könnten nicht mit den Mitteln des bürgerlichen Rechtes durchgeführt werden. Die Sozialstaatserklärung des Grundgesetzes (Art. 20, Abs. 1, 28 Abs. 1 GG) enthalte vielmehr den Auftrag an den Staat als Hoheitsträger zur Herstellung und Wahrung sozialer Gerechtigkeit und zur Abhilfe sozialer Bedürftigkeit und erfordere die Erstreckung der Mittel staatlicher Machtäußerung auf die Gewährung oder Verweigerung von Leistungen, die diesem Zwecke dienen. Das BVerwG nimmt dementsprechend bei den Subventionierungsmaßnahmen zur Lösung des Vertriebenen- und Flüchtlingsproblemes an, daß der Staat nur in hoheitlichen Formen tätig werden könne. Dieser Schluß von der Aufgabe auf die zu verwendenden Mittel erscheint hier nicht gerade zwingend. Folgt man ihm aber, dann ist bei Subventionen, die zur Erfüllung sozialstaatlicher Zwecke auf vertraglicher Grundlage vergeben werden, ein öffentlich-rechtlicher Vertrag anzunehmen.

---

[377] S. oben S. 13.

[378] Ob das allerdings bei dem Sachverhalt der Fall war, der dem Urt. v. 6. 5. 1959 des OVG des Saarlandes (DÖV 1959, 708) zugrunde lag, muß bezweifelt werden (kritisch dazu *Bullinger*, a. a. O., S. 70). Im Urt. des BVerwG v. 19. 12. 1958 (NJW 1959, 1098) blieb die Frage dahingestellt.

[379] VG Frankfurt/Main (Urt. v. 22. 4. 1960) BB 1960, 1040.

[380] Das BVerwG geht in seinem Urt. v. 19. 12. 1958 (NJW 1959, 1098) überhaupt nicht auf dieses Problem ein. Es unterstellt bei vertraglicher Subventionierung ohne weiteres deren öffentlich-rechtlichen Charakter.

[381] S. 37.

[382] *Huber*, Bd. I, S. 58; *Salzwedel*, a. a. O., S. 102. Ob dies ohne gesetzliche Grundlage zulässig ist, kann hier nicht entschieden werden. Dazu *Spanner* DVBl 1958, 725.

[383] NJW 1958, 2129.

Subventioniert ein Hoheitsträger zu anderen Zwecken, dann fordert auch das BVerwG nicht die Verwendung öffentlich-rechtlicher Rechtsformen. Öffentlich-rechtliches Handeln ist dann nur geboten, wenn ständige Übung der Verwaltung eine Selbstbindung geschaffen hat[384], die es ihr verbietet, entgegen bisheriger Praxis die Subventionen in privatrechtlichen Formen zu gewähren. Außerdem ist ein Ausweichen ins Privatrecht zum Zwecke der Umgehung öffentlich-rechtlicher Bindungen unzulässig[385]. In diesen Fällen ist ein Vertrag, durch den dem Bürger eine Subvention eingeräumt wird, ebenfalls dem öffentlichen Recht zuzuordnen.

In allen anderen Fällen jedoch gehört der Subventionsvertrag dem Zivilrecht an. *Ipsen* lehnt dies bei den verlorenen Zuschüssen mit der Begründung ab, daß eine passende Rechtsform des Zivilrechts nicht zur Verfügung stehe[386]. Es ist zuzugeben, daß die Schenkung, die allein ein vergleichbares Institut wäre, schon ihrer ratio nach nicht geeignet ist, für den verlorenen Zuschuß herangezogen zu werden, weil der Subventionierung durch verlorenen Zuschuß die Absicht und Funktion unentgeltlicher Zuwendung abgeht. Der Staat hat eben „nichts zu verschenken[387]". Er will vielmehr mit Hilfe des verlorenen Zuschusses ein bestimmtes Ziel, häufig wirtschaftslenkender Art, verwirklichen. Die Vorschriften über die Schenkung passen demgemäß auch nicht für den verlorenen Zuschuß. Insbesondere sind die §§ 528 ff. BGB (Rückforderung wegen Bedürftigkeit des Schenkers) und die §§ 530 ff. (Widerruf wegen groben Undanks) völlig ungeeignet[388]. *Ipsen* verkennt jedoch, daß es die im Zivilrecht herrschende Privatautonomie erlaubt, atypische Verträge zu schließen. Allerdings wird diese Frage wohl selten praktische Bedeutung erlangen, da es nur in Ausnahmefällen zur Vergabe verlorener Zuschüsse auf Grund vertraglicher Abmachungen kommen wird[389].

2. Gestaltung der öffentlich-rechtlichen Rechtsform im Normalfall einer Subvention

Im Normalfall der Subvention, in dem keine vertragliche Abmachung vorliegt, kommt nur die typische Gestaltungsform des öffentlichen Rechtes, der Verwaltungsakt, in Betracht. Das Rechtsverhältnis zwischen subventionierendem Hoheitsträger und begünstigtem Bürger stellt also im allgemeinen ein öffentlich-rechtliches Leistungsverhältnis[390] dar, das durch Verwaltungsakt zustande kommt.

[384] Vgl. dazu *Bachof*, Rechtsprechung, S. 226 f.; *Forsthoff*, Lb. S. 85; ferner OVG Münster JZ 1951, 119 (Bescheid v. 17. 10. 1950) m. zust. Anm. *Bachof*.

[385] *Forsthoff*, Lb. S. 88.

[386] *Ipsen* Subv. S. 70 f. = DVBl 1956, 605.

[387] *Ipsen*, ebenda.

[388] Ebenso *Henze*, a. a. O., S. 98.

[389] Übereinstimmend *Henze*, a. a. O., S. 99; *Stern* JZ 1960, 562.

[390] Die Verwendung dieses Begriffes wird von *Scheuner* (DÖV 1957, 383) befürwortet, um die allzu einseitige Abstellung auf den Verwaltungsakt zu vermeiden. Der Begriff erlaube es, länger dauernde, beiderseits ausgewogene Dauerbeziehungen richtig zu erfassen.

Maunz will nun aber den Verwaltungsakt noch mit einem öffentlichrechtlichen Vertrag verbinden[391]. Offenbar ist der Zweck dieser Konstruktion, die Fälle zu erfassen, in denen Kreditinstitute bei der Vergabe von Subventionen eingeschaltet sind, um deren Rechtsbeziehungen zum Subventionierten als öffentlich-rechtlichen Vertrag zu deuten. Wenn auch einzuräumen ist, daß sich die Tätigkeit der zwischengeschalteten Kreditinstitute nicht ohne Schwierigkeiten in die Rechtsform der öffentlich-rechtlichen Leistungsverhältnisse auf Grund Verwaltungsakts einbauen läßt[392], so erscheint es doch bedenklich, deswegen noch zusätzlich ein Vertragselement in das Rechtsverhältnis aufzunehmen, da die Probleme, die sich aus dem Nebeneinander eines Verwaltungsaktes und eines öffentlichrechtlichen Vertrages in einem Rechtsverhältnis ergeben, noch völlig ungeklärt sind. Eine solche Kombination ist auch sehr schwerfällig und führt sicher zu Verwicklungen. Zudem fällt es schwer, in den Beziehungen des Kreditinstitutes zum Subventionsempfänger eine vertragliche Übereinkunft zu sehen, da sie doch inhaltlich durch den vorausgegangenen Verwaltungsakt des subventionierenden Hoheitsträgers bestimmt sind[393]. Es erscheint daher ratsamer, die durch die Einschaltung der Kreditinstitute entstehenden Probleme im Rahmen des öffentlich-rechtlichen Leistungsverhältnisses auf Grund Verwaltungsaktes zu bewältigen, ohne das Rechtsverhältnis durch zusätzlichen Einbau eines öffentlich-rechtlichen Vertrages noch komplizierter zu gestalten.

KAPITEL VIII

Die Vorzüge der öffentlich-rechtlichen Rechtsform

1. Allgemeine Vorbemerkungen

Gemäß dem Weg, der hier zur Lösung der Frage nach der Rechtsform eingeschlagen wurde, muß nun noch das rechtssystematisch gefundene Ergebnis, es handle sich bei den Subventionen im allgemeinen um rein öffentlich-rechtliche Leistungsverhältnisse auf Grund Verwaltungsakts, durch Zweckmäßigkeitsgesichtspunkte untermauert und ergänzt werden. Dabei erscheint es nicht notwendig, noch eingehend die Zweckmäßigkeit einer rein öffentlich-rechtlichen Lösung gegenüber einer rein privatrechtlichen abzuwägen, weil die ausschließlich privatrechtliche Gestaltung mehr und mehr in den Hintergrund tritt. Sie wird heute kaum mehr vertreten und niemand macht sich ernsthaft die Mühe, ihre Zweckmäßigkeit nachzuweisen. Deshalb wird es nicht gelingen, mit Zweckmäßigkeitsüberlegungen die Subventionen wieder vollständig dem Privatrecht einzugliedern.

---

391 S. oben S. 12.

392 Dazu unten S. 89 ff.

393 Vgl. auch VG Frankfurt/Main (Urt. v. 22. 4. 1960) BB 1960, 1040.

Wohl aber wird die Zweckmäßigkeit der gemischten Rechtsverhältnisse immer wieder betont[394]. Daher erscheint es erforderlich, aber auch ausreichend, die praktischen Vorzüge der einheitlich öffentlich-rechtlichen Rechtsform gegenüber den gemischten Konstruktionen herauszustellen.

Für diese wird angeführt, daß der hoheitliche Bestandteil des Rechtsverhältnisses den Rechtsschutz für den Bürger ermöglichen soll[395], während das privatrechtliche Element dazu da sei, die Verwaltung durch die damit verbundene Liberalisierung zu begünstigen und ihr ein ausgeformtes System von Rechten und Pflichten zur Verfügung zu stellen, das die Verwirklichung ihrer Anliegen erleichtert[396]. Außerdem diene der hoheitliche Akt zur Sicherung einer Stelle, „an der die wesentlich staatlichen Überlegungen stattzufinden haben, die bestimmenden Einfluß auf das Privatrechtsgeschäft gewinnen sollen[397]".

Letzteres ist nur im Hinblick auf die Einschaltung von Kreditinstituten zu verstehen; denn sonst wäre unerfindlich, weshalb die staatliche Stelle, welche die von *Krüger* privatrechtlich eingeordnete Willenserklärung „der zweiten Stufe" abgibt, nicht auch alle wesentlichen staatlichen Überlegungen anstellen könnte, ganz abgesehen davon, daß häufig nicht zwei gesonderte Willenserklärungen vorliegen[398]. Bei der Einschaltung von Kreditinstituten macht es jedoch die rein öffentlich-rechtliche Betrachtungsweise erst recht möglich, den „wesentlich staatlichen Überlegungen" im begründenden Verwaltungsakt Raum zu geben.

Die Gründe, die weiter für die Zweckmäßigkeit gemischter Konstruktionen ins Feld geführt werden, überzeugen ebenfalls nicht. Gerade die vorgebrachten Gesichtspunkte lassen sich vielmehr sogar für die rein öffentlich-rechtliche Gestaltung in die Waagschale werfen[399]: Vom Standpunkt des Staatsbürgers aus gesehen, bringt die größere „Liberalisierung" des Hoheitsträgers im angeblich privatrechtlichen Teil des Rechtsverhältnisses eine Beeinträchtigung des Rechtsschutzes mit sich[400], die doch mit der zweistufigen Konstruktion vermieden werden sollte. Vom Standpunkt des Hoheitsträgers aus gesehen, erschwert die gemischte Rechtsform die Verwirklichung des öffentlichen Interesses. Zwar ist zuzugeben, daß das bürgerliche Recht ein ausgeformtes System von Rechten und Pflichten aufweist, die Verschränkung von öffentlichem und privatem Recht bringt aber eine so weitgehende Komplizierung mit sich[401], daß dem Hoheits-

---

394 S. insbes. *Ipsen* VerwArch Bd. 50 (1959) S. 94.

395 *Ipsen,* Rechtsgutachten, S. 14; *Krüger* DVBl 1955, 385; *Reuter,* a. a. O., S. 232 f.

396 *Siebert,* F. S., S. 245 ff.

397 *Krüger* DVBl 1955, 385.

398 In diesem Sinne auch *Flessa* DVBl 1957, 83 und 120.

399 *Imboden,* a. a. O., S. 160, bezeichnet daher die Zweistufenlehre als „eine kaum den praktischen Gegebenheiten konforme begriffliche Konstruktion".

400 *Bachof* VVDStRL 12, 55 f.; vgl. auch *Flessa* DÖV 1959, 106 und *Naumann* VVDStRL 11, 131.

401 Dies muß *Ipsen* selbst einräumen (Subv. S. 85 = DVBl 1956, 609)

träger mit dem privatrechtlichen Element nicht gedient ist. Vor allem ergeben sich große Schwierigkeiten bei der Frage, welche Teile des Rechtsverhältnisses dem öffentlichen Recht und welche dem Privatrecht zuzuordnen sind[402], wie man also die beiden Rechtsgebiete gegeneinander abzugrenzen hat. Diese Kompliziertheit der Regelung erschwert unnötigerweise die praktische Durchführung der Aufgaben der öffentlichen Verwaltung. Sie ist auch vom Standpunkt der Rechtswissenschaft aus keineswegs zu begrüßen, da einer einfachen und klaren Regelung gegenüber einer komplizierten immer der Vorrang zu geben ist.

Im folgenden sollen die praktischen Vorzüge der rein öffentlich-rechtlichen Rechtsform im Verhältnis zu den gemischten Konstruktionen im einzelnen dargestellt werden[403].

2. Mängel bei der Begründung des Rechtsverhältnisses

a) *Nichtigkeit des begründenden Verwaltungsaktes*

Sowohl bei der rein öffentlich-rechtlichen Betrachtungsweise als auch bei den gemischten Konstruktionen werden die Rechtsbeziehungen zwischen Subventionsempfänger und Subventionierendem durch einen Verwaltungsakt begründet. Dieser Verwaltungsakt kann nun nach allgemeinen verwaltungsrechtlichen Grundsätzen nichtig sein[404]. Ein öffentlich-rechtliches Rechtsverhältnis ist in diesem Falle nie entstanden. Es erhebt sich nur die Frage, wie sich die Nichtigkeit des Verwaltungsakts auf das bei den gemischten Konstruktionen vorausgesetzte bürgerlich-rechtliche Schuldverhältnis auswirkt.

Bei der einstufig gemischten Konstruktion kann kein bürgerlich-rechtliches Schuldverhältnis gültig zustande gekommen sein, weil ein wirksamer Begründungsakt fehlt. Eventuell hingegebene Darlehens- oder Zuschußbeträge können als ungerechtfertigte Bereicherung zurückgefordert werden.

Nach der Zweistufenlehre gestaltet sich die Situation wesentlich schwieriger. *Ipsen* meint, der Vertrag zweiter Stufe könne bei Nichtigkeit des Verwaltungsaktes keine Wirksamkeit äußern; er müsse ebenfalls als von Beginn an unwirksam angesehen werden[405]. Zivilrechtlicher Kündigung oder entsprechender Vertragsgestaltung bedürfe es nicht. *Siebert*[406] hält eine nähere Prüfung für nötig, betont aber auch, daß das privatrechtliche

---

[402] Vgl. z. B. den Streit um die Rechtsnatur des Erlasses der Zinsen für ein Subventionsdarlehen (oben S. 8 f).

[403] Die Ausnahmefälle öffentlich-rechtlicher oder privatrechtlicher Vertragsgestaltung können dabei vernachlässigt werden.

[404] Vgl. die bei *v. Turegg-Kraus,* a. a. O., S. 141 f., aufgezählten Nichtigkeitsgründe.

[405] *Ipsen,* Subv. S. 87 = DVBl 1956, 609. Eine Anwendung des Instituts des Wegfalls der Geschäftsgrundlage lehnt er ab (Subv. S. 90 = DVBl 1956, 610). Nur bei beiderseitigem Irrtum über die Subventionsvoraussetzungen will er es zulassen (ebenda, Fußn. 137).

[406] F. S., S. 237.

Subventionsverhältnis nicht voll wirksam bleiben könne, wenn sich die öffentlich-rechtliche Zulassung als unwirksam erweise. Andere arbeiten hingegen mit dem Institut des Wegfalls der Geschäftsgrundlage[407]. Danach bedarf es im allgemeinen erst einer rechtsgestaltenden Erklärung einer Partei zur Auflösung des Vertrages[408].

Die Ansicht *Ipsens* und *Sieberts* findet im Zivilrecht keine Stütze. Ein Grund, der zur Unwirksamkeit des zivilrechtlichen „Erfüllungsgeschäftes" führen könnte, ist nicht vorhanden[409]. Eine Lösung ließe sich wirklich nur mit Hilfe der Lehre vom Wegfall der Geschäftsgrundlage finden. Bei Bürgschaften und Refinanzierungen kann diese allerdings nicht gelten: Das Rechtsverhältnis zwischen Bürge und Hauptschuldner, auf Grund dessen die Bürgenverpflichtung übernommen wird (hier der Verwaltungsakt der Subventionsbewilligung), berührt den Bestand der Bürgschaft nicht[410]. Ebensowenig ist das Rechtsverhältnis des privaten Kreditgebers zum refinanzierenden Hoheitsträger in seinem Bestand von dem Rechtsverhältnis des Hoheitsträgers zum Empfänger der Refinanzierungszusage abhängig, wenn zwischen Hoheitsträger und privatem Kreditgeber nichts anderes vereinbart wurde.

Die Unabhängigkeit des Bürgschafts- bzw. Refinanzierungsvertrages von der Wirksamkeit des Grundverhältnisses besteht auch nach der rein öffentlich-rechtlichen Theorie. Im übrigen aber gibt es danach im Rahmen des Subventionsverhältnisses keine bürgerlich-rechtlichen Schuldverhältnisse, so daß es bei Nichtigkeit des Verwaltungsaktes der Subventionsbewilligung keiner rechtsgestaltenden Erklärung eines Beteiligten bedarf, um ein bürgerlich-rechtliches Schuldverhältnis aufzulösen. Da ein öffentlich-rechtliches Rechtsverhältnis infolge des nichtigen Begründungsaktes fehlt, können geleistete Beträge (z. B. hingegebene verlorene Zuschüsse oder Darlehenssummen) auf Grund öffentlich-rechtlichen Erstattungsanspruches zurückgefordert werden[411]. Damit hat die öffentlich-rechtliche Theorie gegenüber der Zweistufenlehre bei Nichtigkeit des begründenden Verwaltungsaktes den Vorzug einer einfachen und klaren Lösung.

---

[407] *Dickmann* DÖV 1957, 282; ZLA 1956, 2; *Modest*, a. a. O., Anm. 13 zu § 8 GetrG. In diesem Sinne sind wohl auch die Ausführungen von *Fischer-Dieskau-Pergande-Schwender*, a. a. O., Anm. 14 zu § 42 des 2. WoBauG zu verstehen.

[408] *Larenz*, Geschäftsgrundlage und Vertragserfüllung, S. 186.

[409] Solche Gründe wären Dissens, Formmangel, Scheingeschäft (§ 117 BGB), Mangel der Ernstlichkeit (§ 118 BGB), Verstoß gegen ein gesetzliches Verbot (§ 134 BGB), Verstoß gegen die guten Sitten (§ 138 BGB).

[410] *Enneccerus-Lehmann*, a. a. O., S. 786. Dieser Grundsatz ist selbstverständlich auch für die Bürgschaften zu Subventionszwecken gültig (*Ipsen*, Subv. S. 29 = DVBl 1956, 610, Fußn. 132; *Henze*, a. a. O., S. 70). Eine Ausnahme ist nur für den Fall der Kollusion zwischen Kreditnehmer und Gläubiger zu machen (*Henze*, ebenda), was sich aus § 826 BGB herleiten läßt.

[411] BVerwG (Urt. v. 7. 3. 1958) NJW 1958, 1109 = DÖV 1958, 421.

b) *Sonstige Mängel des begründenden Verwaltungsaktes*

Ein Verwaltungsakt kann auch mit Fehlern behaftet sein, die nicht zur Nichtigkeit führen, sondern nur die Aufhebbarkeit[412] dieses Verwaltungsaktes zur Folge haben[413]. Die Vermutung spricht sogar für bloße Aufhebbarkeit[414]. Dem Staatsbürger ist dann die Möglichkeit eingeräumt, den Verwaltungsakt anzufechten. Für den Hoheitsträger ergibt sich die Möglichkeit der Rücknahme. Dazu soll weiter unten Stellung genommen werden.

c) *Mängel bei Abschluß des „Erfüllungsgeschäftes"*

Abgesehen von den Bürgschaften und Refinanzierungsdarlehen, bei denen nach jeder Theorie ein privatrechtlicher Vertrag mit dem Gläubiger des Subventionierten nötig ist, stellt sich die Frage nach Mängeln bei Abschluß des zivilrechtlichen „Erfüllungsgeschäftes" nur, wenn man der Zweistufenlehre folgt.

In erster Linie sind hier Willensmängel zu berücksichtigen. Es kann Dissens oder zur Anfechtung berechtigender Irrtum vorliegen (§§ 119 ff. BGB). Der Staatsbürger kann geschäftsunfähig oder beschränkt geschäftsfähig sein. Auch bei der für den Hoheitsträger handelnden Person kann das der Fall sein.

Das „Erfüllungsgeschäft" ist bei Dissens oder Geschäftsunfähigkeit eines Partners endgültig oder bei beschränkter Geschäftsfähigkeit schwebend unwirksam. Ist der Vertreter des Hoheitsträgers allerdings nur beschränkt geschäftsfähig, dann berührt das nach § 165 BGB die Gültigkeit des Geschäftes nicht. Bei Irrtum kann es mit rückwirkender Kraft vernichtet werden.

Es ist nicht einzusehen, warum die Gültigkeit eines Geschäftes, das doch nur dem Vollzug des vorhergehenden Verwaltungsaktes zu dienen bestimmt ist, durch solche Mängel beeinträchtigt werden soll. Konstruiert man aber ein „Erfüllungsgeschäft" zivilrechtlicher Natur, dann müssen notwendigerweise diese Mängel gemäß den zivilrechtlichen Vorschriften erheblich sein[415]. Lediglich bei Bürgschafts- und Refinanzierungsverträgen mit dem Gläubiger des Subventionierten ist ein Grund für die Beachtlichkeit von Willensmängeln vorhanden; denn diese sind nicht bloße Vollzugsgeschäfte, sondern begründen ein vom Verwaltungsakt des Hoheitsträgers gegenüber dem Subventionierten in seinem Bestand unabhängiges Rechtsverhältnis mit einem Dritten.

Hier taucht nun die Frage auf, was geschieht, wenn zwar ein gültiger Verwaltungsakt erlassen worden ist, ein wirksames „Erfüllungsgeschäft" aber fehlt. *Siebert*[416] meint, die öffentlich-rechtliche Gewährung gebe vielfach nach ausdrücklicher Vorschrift keinen Erfüllungsanspruch. Es läßt sich

---

[412] Terminologie nach *Forsthoff*, Lb, S. 207 f.

[413] Vgl. die bei *H. J. Wolff*, Lb, S. 285 ff., aufgezählten Fälle.

[414] So schon PrOVG Bd. 97 S. 95 (Urt. v. 14. 10. 1935).

[415] So auch *Siebert*, F. S., S. 240.

[416] F. S., S. 237. S. auch unten S. 80.

aber nirgends eine Vorschrift dieses Inhalts finden. Was sollte auch dann der vorgeschaltete Verwaltungsakt für einen Sinn haben? — Nach anderen[417] besteht hingegen ein Anspruch auf Abschluß des „Erfüllungsvertrages" auf Grund der Subventionsbewilligung. Es kann sich dabei nur um einen privatrechtlichen Anspruch auf Abschluß eines Vertrages auf Grund Kontrahierungszwanges handeln[418], wobei der bewilligende Verwaltungsakt den Kontrahierungszwang statuiert.

Es kann dahinstehen, ob ein Verwaltungsakt überhaupt einen Kontrahierungszwang festzusetzen vermag. Auf jeden Fall kann dieser Verwaltungsakt nur auf Grund einer entsprechenden gesetzlichen Ermächtigung ergehen, weil Kontrahierungszwang auf einer Rechtsnorm beruhen muß[419]. Da eine ausdrückliche ermächtigende Norm fehlt, könnte der Kontrahierungszwang höchstens aus § 826 BGB hergeleitet werden[420], ein unbefriedigendes Ergebnis, ganz abgesehen von der Umständlichkeit des Verfahrens.

Bei Bürgschaften und Refinanzierungszusagen kann man freilich mit Kontrahierungszwang auch nicht arbeiten[421]; denn dem Gläubiger gegenüber besteht eine Pflicht zum Abschlusse eines Vertrages nicht. Er kann also nicht vor den ordentlichen Gerichten auf Eingehen eines Bürgschafts- bzw. Refinanzierungsvertrages klagen. Die Pflicht zum Abschlusse des Bürgschafts- bzw. Refinanzierungsvertrages obliegt dem Hoheitsträger nur dem begünstigten Bürger (Schuldner) gegenüber. Dieser muß den Staat im Rahmen des bestehenden öffentlich-rechtlichen Rechtsverhältnisses anhalten können, seiner Verpflichtung nachzukommen, auch wenn er das durch Abschluß eines bürgerlich-rechtlichen Vertrages tut. Das Wesentliche ist, daß der Staat dem Bürger gegenüber öffentlich-rechtlich verpflichtet ist[422]. Die Frage nach der Erzwingung der Subventionsvergabe in Form von Bürgschaften und Refinanzierungsdarlehen taucht sowohl bei den gemischten Konstruktionen als auch bei der rein öffentlich-rechtlichen Theorie auf.

---

[417] *Fischer-Dieskau-Pergande-Schwender*, a. a. O., Anm. 14 zu § 42 des 2. WoBauG; *Henze*, a. a. O., S. 87; *Ipsen*, Subv. S. 77 = DVBl 1956, 607.

[418] In diesem Sinne *Ipsen*, Subv. S. 94 f. = DVBl 1956, 611. Ebenso *Flessa* DVBl 1957, 121. Vgl. auch *Bartholomeyczik*, a. a. O., Anm. 4 zu § 6 EnWG und oben S. 44 A. A. aber *Henze*, a. a. O., S. 87.

[419] *Nipperdey*, Kontrahierungszwang, S. 7.

[420] Vgl. *Nipperdey*, ebenda, S. 54.

[421] Vgl. zu der Rechtslage bei Refinanzierungszusagen auch *Flessa* NJW 1959, 403 f.

[422] In Diss., S. 97 f., betrachtete Verf. hingegen die privatrechtliche Natur des abzuschließenden Vertrages als Hindernis für eine solche Gestaltung und kam dementsprechend zur Bejahung der subsidiären Zuständigkeit der ordentlichen Gerichte gemäß Art. 19 Abs. 4 GG. Die damit verbundene Erschwerung des Rechtsschutzes durch die Gefahr des Auseinanderklaffens der Rechtswege für dieselbe Sache und die Unsicherheit der Anwendung des Art. 19 Abs. 4 GG waren für eine Änderung der Auffassung maßgeblich.

Ebenso verhält es sich in bezug auf Willensmängel des Staatsbürgers bei der Mitwirkung am begründenden Verwaltungsakt[423]: Sie sind nach allen Theorien erheblich, die einen Verwaltungsakt als Bestandteil des Subventionsverhältnisses annehmen. Im übrigen aber spielen Willensmängel bei der rein öffentlich-rechtlichen Theorie im Gegensatz zur Zweistufenlehre keine Rolle, da ein privatrechtliches „Erfüllungsgeschäft" nicht vorhanden ist, und Willensmängel des Hoheitsträgers beim Verwaltungsakt keine Fehlerquellen sind, sofern nicht inhaltliche Mängel anderer Art hinzutreten[424]. Die Erheblichkeit der Willensmängel beim „Erfüllungsgeschäft" nach der Zweistufenlehre erschwert unnötigerweise die Durchsetzung des öffentlichen Interesses. Dem Staatsbürger wird dadurch nichts gewonnen, im Gegenteil, er kann nur auf zeitraubende und umständliche Weise Rechtsschutz erlangen.

3. Auflösung des Rechtsverhältnisses

a) *Anfechtung des begründenden Verwaltungsaktes*

Ist der über die Subventionsvergabe entscheidende Verwaltungsakt aufhebbar, dann kann ihn der betroffene Staatsbürger anfechten. Nach dem System der VwGO ist dies allerdings nur in Verbindung mit einer Verpflichtungsklage zulässig, wenn der Antrag auf Subventionierung abgelehnt wurde[425]. Aus den verschiedenen Rechtsformen ergeben sich hierbei keine Zweifelsfragen, weil sich auch bei den gemischten Konstruktionen dieser Vorgang nur im Bereich des öffentlichen Rechtes abspielt[426].

Anders verhält es sich, wenn der Verwaltungsakt zwar dem Antrag des Staatsbürgers stattgibt, aber unzulässige Belastungen für den Bürger enthält. Bei den gemischten Rechtsformen kann bereits ein bürgerlichrechtliches Verhältnis entstanden sein. Wird der ganze Verwaltungsakt wegen des ihm anhaftenden Mangels erfolgreich angefochten, so hebt das Verwaltungsgericht ihn mit der Wirkung ex tunc auf. Was geschieht nun mit dem bürgerlich-rechtlichen Verhältnis? Die Situation kann nach dem rückwirkenden Wegfall des begründenden Verwaltungsaktes nicht anders sein als bei dessen Nichtigkeit. Insoweit sei auf das zur Nichtigkeit Angeführte verwiesen[427].

b) *Rücknahme des begründenden Verwaltungsaktes*

Bei Aufhebung des Verwaltungsaktes im Wege der Rücknahme[428] des fehlerhaften Verwaltungsaktes ist die Lage nur dann ebenso, wenn der

---

[423] Dazu *Küchenhoff* BayVBl 1958, 325.

[424] *Forsthoff*, Lb, S. 221 ff.

[425] Zutreffend *Menger* VArch. Bd. 54 (1963) S. 202.

[426] *Ipsen*, Subv. S. 63 = DVBl 1956, 603.

[427] S. oben S. 64.

[428] Terminologie nach *Haueisen* NJW 1954, 1425; anders *Schütz* DÖV 1958, 449; dagegen mit guten Gründen wieder *Haueisen* NJW 1958, 1661. S. dazu auch *Bachof*, Rechtsprechung, S. 253.

Rücknahme rückwirkende Kraft zuzuerkennen ist. Die Rücknahme eines begünstigenden Verwaltungsaktes besitzt jedoch dann keine rückwirkende Kraft, wenn der Vertrauensschutz für den Bürger es erfordert[429]. Dies gilt vor allem, wenn die Verwaltung den Fehler selbst verschuldet hat[430]. Der Gesichtspunkt des Vertrauensschutzes kann sogar so schwerwiegend sein, daß er die Rücknahme des begünstigenden Verwaltungsaktes überhaupt verbietet[431].

Die Rücknahme mit der Wirkung ex nunc kann bei den gemischten Rechtsverhältnissen nicht zur Folge haben, daß die wirksam begründeten bürgerlich-rechtlichen Rechtsbeziehungen aufgelöst werden, da der Rücknahme privatrechtsgestaltende Wirkung nicht zukommt. Die Lösung der privatrechtlichen Bindungen im Rahmen des gemischten Rechtsverhältnisses ist hier sowohl bei einstufiger als auch bei zweistufiger Konstruktion nur mit Hilfe des Instituts des Wegfalls der Geschäftsgrundlage möglich[432]. Es sind daher im allgemeinen zwei Rechtsakte der Verwaltung nötig: die Rücknahme des fehlerhaften begünstigenden Verwaltungsaktes und die Auflösung der bürgerlich-rechtlichen Rechtsbeziehungen[433].

Die Notwendigkeit zweier Rechtsakte ergibt sich bei der rein öffentlich-rechtlichen Konstruktion nicht. Durch die Rücknahme wird das öffentlich-rechtliche Rechtsverhältnis aufgehoben.

c) *Widerruf des begründenden Verwaltungsaktes*

Unter Widerruf ist die nachträgliche Aufhebung eines fehlerfreien Verwaltungsaktes durch die Verwaltung zu verstehen[434]. Belastende Verwaltungsakte sind im allgemeinen frei widerrufbar[435]. Dies ist für die Ablehnung des Antrags auf Gewährung einer Subvention wesentlich. Unterschiede zwischen den gemischten Rechtsformen und der rein öffentlich-rechtlichen ergeben sich hierbei nicht.

Begünstigende Verwaltungsakte, wie sie die Subventionsbewilligungen bei gemischter wie auch bei öffentlich-rechtlicher Betrachtungsweise dar-

---

[429] *Haueisen* NJW 1954, 1428; *Zschacke* ZLA 1955, 147; BVerwG (Urt. v. 15. 12. 1961) DÖV 1962, 388. Einen guten Überblick über die verwaltungsgerichtliche Rechtsprechung zu diesem Grundsatz gibt *Bachof*, Rechtsprechung, S. 257 ff.

[430] *Haueisen* NJW 1954, 1428 und DÖV 1959, 6.

[431] *Haueisen*, ebenda; BVerwG (Urt. v. 21. 10. 1959 und v. 10. 12. 1959) BVerwGE 9, 251 (254 f.); 10, 64 (66 ff.).

[432] Beim Subventionsdarlehen käme auch Kündigung in Frage, allerdings nur unter Einhaltung der gesetzlichen Kündigungsfrist, soweit nicht besondere Kündigungsgründe vereinbart sind.

[433] *S. Larenz*, a. a. O., S. 186.

[434] Nach *Haueisen* NJW 1955, 1457; anders wiederum *Schütz* DÖV 1958, 449.

[435] *Haueisen* NJW 1955, 1457.

stellen, sind grundsätzlich nicht widerrufbar[436]. Nach *Haueisen*[437] ist der Widerruf begünstigender Verwaltungsakte aber ausnahmsweise zulässig,

aa) wenn der Widerruf für den Eintritt gewisser Umstände vom Gesetz selbst vorgesehen ist[438];

bb) wenn der Widerruf bei Erlaß des Verwaltungsaktes vorbehalten worden ist, und die Ausübung dieses Widerrufes nicht dem pflichtgemäßen Ermessen einer verantwortungsbewußt handelnden Verwaltung widerspricht;

cc) wenn eine Auflage nicht erfüllt wird[439];

dd) wenn der Widerruf zwar bei Erlaß des Verwaltungsaktes nicht ausdrücklich vorbehalten wurde, der Begünstigte aber noch nicht begonnen hat, ihn „auszuwerten" oder zu verwirklichen, und überwiegende öffentliche Interessen den Widerruf erfordern;

ee) wenn die Zustimmung des Betroffenen vorliegt, sofern dieser rechtliche Bedeutung zukommt. (Das ist der Fall wenn ein Verwaltungsakt auf Antrag und vorwiegend im Interesse des Antragstellers erlassen worden ist.)

Der Widerruf wirkt im Zweifel nur für die Zukunft[440]. Wird der Widerruf der Subventionsbewilligung aus einem der angeführten Gründe zulässigerweise vorgenommen, dann ist bei den gemischten Rechtsformen die privatrechtliche Bindung damit noch nicht aufgelöst. Hierzu bedarf es wie bei der ex nunc wirkenden Rücknahme noch einer Rechtshandlung, durch die sich die Verwaltung wegen Wegfalls der Geschäftsgrundlage lossagt, oder bei Subventionsdarlehen einer Kündigung[441]. Wenn die Zustimmung des Betroffenen vorliegt, könnte man allerdings einen bürgerlich-rechtlichen Aufhebungsvertrag annehmen, der das Schuldverhältnis erlöschen läßt. Dann würde die zivilrechtliche Willenserklärung des Hoheitsträgers, durch die er sich mit der Aufhebung einverstanden zeigt, ausreichen. Der Verwaltungsakt wäre in diesem Falle gegenstandslos.

Bei der rein öffentlich-rechtlichen Rechtsform genügt stets eine Erklärung, nämlich der Widerruf, zur Auflösung des gesamten Rechtsverhältnisses.

d) *Erfüllung*

Die Erfüllung der aus dem Rechtsverhältnis erwachsenden Pflichten des Hoheitsträgers und des Staatsbürgers führt bei den hier gegenübergestellten Rechtsformen zu keinem sachlichen Unterschied. Warum *Hamann* gerade an der „Zahlung" nach § 362 BGB zeigen will, daß öffentlich-

---

[436] *Fischer-Dieskau-Pergande-Schwender*, a. a. O., Anm. 14 zu § 42 des 2. WoBauG; *Haueisen* NJW 1955, 1459; BVerwG (Urt. v. 19. 12. 1958) NJW 1959, 1098.

[437] NJW 1955, 1460.

[438] Vgl. z. B. § 5 Abs. 1 Gasöl-Betriebsbeihilfe VO Landwirtschaft.

[439] A. A. mit nicht überzeugender Begründung *Krüger* DVBl 1955, 457.

[440] *Ipsen*, Widerruf, S. 180.

[441] Anders *Scholz*, a. a. O., S. 173, dem nicht zugestimmt werden kann.

rechtliche und privatrechtliche Rechtsbeziehungen nebeneinander herlaufen[442], ist nicht recht klar.

Von den Erfüllungssurrogaten sind Aufrechnung und Erlaß von Bedeutung.

Eine Aufrechnung des Empfängers eines Aufbauhilfedarlehens aus Mitteln des Soforthilfefonds gegen den Anspruch der das Darlehen verwaltenden Bank auf Rückzahlung mit Forderungen, die dem Darlehensnehmer gegen die Bank zustehen, ist nach dem BGH[443] auf Grund stillschweigender Vereinbarung unzulässig, weil die Darlehensmittel dem mit der Gewährung von Aufbauhilfe verfolgten Förderungszweck erhalten bleiben sollen. Die Annahme eines stillschweigenden Aufrechnungsausschlusses erscheint aber etwas gewaltsam. Selbst wenn die Beteiligten bei Abschluß des Vertrages an eine Aufrechnung nicht gedacht haben, will der BGH im Wege der ergänzenden Vertragsauslegung zu einem Aufrechnungsverbot kommen.

Nach der rein öffentlich-rechtlichen Theorie läßt sich ein Aufrechnungsausschluß aus dem Wesen des öffentlich-rechtlichen Darlehens begründen[444], ohne daß es eines stillschweigenden Aufrechnungsverbotes oder gar einer ergänzenden Vertragsauslegung bedarf.

Gesetzliche Regelungen sehen bisweilen vor, daß Subventionskredite nachträglich in verlorene Zuschüsse umgewandelt werden[445]. Nach den Theorien, die ein gemischtes Rechtsverhältnis annehmen, kann diese Umwandlung nur als Erlaß der bürgerlich-rechtlichen Rückzahlungspflicht des Darlehensnehmers nach § 607 BGB aufgefaßt werden. Dieser Erlaß bezieht sich im Gegensatz zum Aufhebungsvertrag, der das ganze Rechtsverhältnis betrifft[446], nur auf die Rückzahlungspflicht. (Infolge ihres Erlöschens kann allerdings das gesamte Rechtsverhältnis beendigt werden.) Zum Abschluß bedarf es aber ebenfalls eines Vertrages[447]. Ein einseitiger Verzicht des Hoheitsträgers wäre daher wirkungslos[448].

Die Umwandlung, die im öffentlichen Interesse geschieht, muß jedoch unabhängig vom Willen des Begünstigten möglich sein. Dem wird allein die öffentlich-rechtliche Theorie oder allenfalls die einstufige Konstruktion *Obermayers* gerecht, da der Verzicht im öffentlichen Recht ein einseitiger Akt der Verwaltung ist[449]. Eines Erlaßvertrages bedarf es nicht.

Die nach der Zweistufenlehre einzig mögliche Deutung, daß die Umwandlung einen bürgerlich-rechtlichen Erlaßvertrag darstelle, führt dar-

---

[442] BB 1953, 865.

[443] BGHZ 25, 211 (215) = NJW 1957, 1759 (Urt. v. 19. 9. 1957).

[444] Wenn die Natur einer öffentlich-rechtlichen Forderung der Aufrechnung entgegensteht, ist diese unzulässig; BVerwG (Urt. v. 7. 3. 1958) DÖV 1958, 420.

[445] Z. B. § 7 des G über Schiffsbaudarlehen v. 27. 9. 1950 (BGBl I S. 684). Ferner § 258 LAG (dazu *Schäfer-Teege*, a. a. O., S. 28 f.).

[446] *Enneccerus-Lehmann*, a. a. O., S. 295.

[447] § 397 BGB.

[448] Vgl. *Enneccerus-Lehmann*, a. a. O., S. 294.

[449] *Werner Fischer*, a. a. O., S. 51.

über hinaus zu dem sonderbaren Ergebnis, daß dieser bürgerlich-rechtliche Vertrag aus einem gemischten ein ausschließlich öffentlich-rechtliches Rechtsverhältnis entstehen läßt, sofern man mit *Ipsen*[450] den verlorenen Zuschuß in jedem Falle einheitlich dem öffentlichen Recht zuordnet. Mißt man auch dem Subventionsdarlehen insgesamt öffentlich-rechtlichen Charakter zu, zwingt die Umwandlung hingegen nicht zu einem Wechsel der Rechtsbereiche.

Schließlich vermeidet die rein öffentlich-rechtliche Theorie auch das Problem, ob dem Erlaß der Zinsen oder ihrer Herabsetzung bei einem Subventionsdarlehen öffentlich-rechtliche oder privatrechtliche Rechtsnatur zukommt[451].

e) *Kündigung*

Das BGB sieht für das Darlehen die Möglichkeit der Kündigung vor[452]. Wenn nichts anderes vereinbart ist[453], sind die gesetzlichen Kündigungsfristen einzuhalten[454]. Die Kündigung beendet das Schuldverhältnis für die Zukunft[455].

Nach der Theorie *Hamanns* würde die Kündigung auch die öffentlich-rechtlichen Rechtsbeziehungen, die neben dem privatrechtlichen „Erfüllungsgeschäft" in vollem Umfange fortbestehen sollen, zu Ende bringen, es sei denn, die Kündigung dient lediglich der Durchführung eines bereits erfolgten Widerrufes bzw. einer Rücknahme im privatrechtlichen Bereich.

Legt man der Kündigung einen Doppelcharakter bei, rechnet man sie also sowohl zum Privatrecht als auch zum öffentlichen Recht[456], so ist die Auswirkung auf die öffentlich-rechtlichen Rechtsbeziehungen verständlich. Dennoch kann diesem Vorschlag nicht gefolgt werden, da eine doppelte Qualifikation eines Rechtsaktes abzulehnen ist[457]. Hält man hingegen die Kündigung für einen rein bürgerlich-rechtlichen Rechtsakt[458], dann hätte

---

[450] Subv. S. 68 = DVBl 1956, 605.

[451] S. die Auseinandersetzung darüber in Literatur und Rechtsprechung: *Menger* VArch Bd. 53 (1962) S. 277 ff.; BVerwG (Beschl. v. 9. 6. 1959) DVBl 1959, 665 m. Anm. *Flessa* DVBl 1960, 137; BVerwG (Urt. v. 31. 8. 1961) BVerwGE 13, 47 = NJW 1962, 170 = JZ 1962, 374 m. Anm. *Obermayer* = DVBl 1962, 134 m. Anm. *Ipsen.*

[452] § 609 Abs. 1 BGB.

[453] Bei Eingliederungsdarlehen aus Lastenausgleichsmitteln sind in § 9 der Weisung über Aufbaudarlehen für die gewerbliche Wirtschaft und die freien Berufe v. 21. 10. 1952 (BAnz. Nr. 211) i. d. Fssg. v. 10. 7. 1953 (BAnz. Nr. 147), v. 5. 7. 1954 (MtBl BAA S. 193), v. 25. 7. 1956 (MtBl BAA S. 370) und v. 9. 12. 1957 (BAnz. Nr. 255) Gründe zur sofortigen Kündigung festgelegt, die Bestandteile der Darlehensverträge werden.

[454] § 609 Abs. 2 BGB.

[455] RGZ 90, 330 (Urt. v. 19. 6. 1917).

[456] So *Hamann* BB 1953, 865 unter Vorbehalten.

[457] Zutreffend *Henze,* a. a. O., S. 82. S. ferner oben S. 52.

[458] So *Ipsen,* Subv. S. 94 = DVBl 1956, 611; OVG Münster (Urt. v. 19. 12. 1958) DVBl 1959, 665.

eine privatrechtliche Willenserklärung unmittelbar die Wirkung, daß ein öffentlich-rechtliches Rechtsverhältnis aufgehoben wird.

Bei allen gemischten Konstruktionen erhebt sich das Bedenken, daß mit Hilfe der Kündigung die strengen Voraussetzungen umgangen werden können, die für die Gültigkeit eines Widerrufes gefordert werden[459]. Dies bringt eine empfindliche Einbuße an Rechtsschutz für den betroffenen Bürger mit sich.

Folgt man der öffentlich-rechtlichen Theorie, dann ist eine als „Kündigung" bezeichnete Rechtshandlung in Wahrheit die Rücknahme oder der Widerruf des begünstigenden Verwaltungsaktes der Subventionsbewilligung, wobei alle Anforderungen erfüllt sein müssen, die an Rücknahme und Widerruf gestellt werden.

4. Bedingungen und Auflagen

Bedingungen und Auflagen stellen ein wesentliches Hilfsmittel der Wirtschaftsverwaltung dar. Dabei ist vor allem die Auflage ein den besonderen Bedürfnissen der wirtschaftslenkenden Verwaltung entgegenkommendes Instrument[460]. Dementsprechend spielen Bedingungen und Auflagen im Bereich der öffentlichen Subventionierung Privater eine besondere Rolle.

Bedingungen und Auflagen sind Nebenbestimmungen von Verwaltungsakten[461]. Unter einer Bedingung ist die Abhängigkeit der Rechtswirksamkeit eines Verwaltungsaktes von einem künftigen ungewissen Ereignis zu verstehen[462]. Auflage ist eine mit dem Verwaltungsakt verbundene bestimmte Forderung, durch die von dem Betroffenen ein bestimmtes Tun, Dulden oder Unterlassen verlangt wird, wobei die Wirksamkeit des Verwaltungsaktes nicht unmittelbar von der Erfüllung der Auflage abhängt[463]. In der Gesetzes- und Verwaltungssprache werden allerdings die Begriffe „Auflage" und Bedingung" häufig verwechselt[464]. Die Auflage kann als unselbständiger Verwaltungsakt angesprochen werden[465]. Sie kann und muß gegebenenfalls selbständig erzwungen werden. Sie ist auch selbständig anfechtbar[466].

---

[459] Der BGH (Urt. v. 5. 5. 1955, NJW 1955, 1835) läßt dabei aber erkennen, daß die strengen Widerrufsvoraussetzungen auch bei den Subventionsdarlehen Anwendung finden sollen.

[460] Näher ausgeführt bei *Krüger* DVBl 1955, 387.

[461] *Bachof*, Rechtsprechung, S. 252; *Forsthoff*, Lb., S. 197; *H. J. Wolff*, Lb. S. 270 f.

[462] *Eyermann-Fröhler*, a. a. O., Anh. nach § 42, Rdn. 27.

[463] *Eyermann-Fröhler*, a. a. O., Anh. nach § 42, Rdn. 26; *v. Turegg-Kraus*, a. a. O., S. 121; *H. J. Wolff*, Lb., S. 271.

[464] *Bachof*, Rechtsprechung, S. 252 f.; *Bitter*, Diss., S. 17; *Forsthoff*, Lb., S. 197 f.; *Krüger* DVBl 1955, 387.

[465] So *Modest*, a. a. O., Anm. 39 zu § 8 Getr.G. S. auch *H. J. Wolff*, Lb., S. 271; OVG Münster (Bescheid v. 9. 5. 1958) DÖV 1959, 272.

[466] *v. Turegg-Kraus*, a. a. O., S. 121; *H. J. Wolff*, Lb. S. 271; OVG Münster (Bescheid v. 9. 5. 1958) DÖV 1959, 272.

Auflagen sind selbstverständlich dort zulässig, wo sie im Gesetz vorgesehen sind. Im übrigen sind sie aber auch zulässig, wenn sie ohne gesetzliche Grundlage gewährenden Verwaltungsakten beigefügt werden; denn dadurch wird dem Bürger nichts genommen, sondern nur das durch den Verwaltungsakt Gewährte von vornherein verringert. Das gilt freilich nur, wenn der Bürger keinen Rechtsanspruch auf ungeschmälerte Gewährung hat[467]. Die Auflage darf auch nicht so gewichtig sein, daß die durch sie geschaffene Belastung größer ist als die von der Verwaltung gewährte Wohltat[468].

Wenn die Auflage auch keiner gesetzlichen Grundlage bedarf, so ist sie dennoch nicht schrankenlos zulässig. Sie darf insbesondere nicht zur Durchsetzung sachfremder oder auf gesetzlichem Wege nicht erreichbarer Zwecke mißbraucht werden. Es muß vielmehr der Grundsatz der Sachgerechtigkeit und Verhältnismäßigkeit obwalten[469]. Vor allem sind Auflagen zugunsten fiskalischer Belange unzulässig[470]. Andererseits aber muß die Auflage nicht ausschließlich einem Zweck dienen[471]. Begünstigenden Verwaltungsakten dürfen nachträglich nur belastende Auflagen hinzugefügt werden, wenn ein Widerruf erfolgen könnte, da die belastende Auflage einem teilweisen Widerruf gleichkäme[472].

Die herausgestellten Grundsätze für Bedingungen und Auflagen kommen bei den gemischten Rechtsformen wie bei der öffentlich-rechtlichen gleichermaßen zum Zuge, da diese Nebenbestimmungen dem gewährenden Verwaltungsakt der Subventionsbewilligung beigegeben werden können. Nach der Zweistufenlehre ergibt sich jedoch auch die Möglichkeit, den Inhalt der Bedingungen und Auflagen im Zivilrechtsgeschäft zu verankern[473]. Dem Bürger können dabei auf zivilrechtlichem Wege Belastungen auferlegt werden, die im Verwaltungsakt der Bewilligung noch gar nicht enthalten waren. Dadurch ist die Verwaltung in der Lage, das Verbot der nachträglichen Hinzufügung von Auflagen zu umgehen. Dies bedeutet

---

[467] *Krüger* DVBl 1955, 451; *H. J. Wolff*, Lb., S. 272.

[468] *Krüger*, ebenda.

[469] *Bitter*. Diss., S. 142; *Forsthoff*, Lb., S. 198; *Henze*, a. a. O., S. 110; *Ipsen* ArchöffR, Bd. 39 n. F., S. 314; derselbe, Subv. S. 79 = DVBl 1956, 607; *Krüger* DVBl 1955, 520 f.; *Willigmann* DVBl 1953, 230; *H. J. Wolff*, Lb., S. 272; vgl. ferner BVerwGE 12, 245 (247) (Urt. v. 12. 5. 1961) und dazu *Bachof*, Rechtsprechung, S. 54, wo es sich interessanterweise um eine Auflage zu einem Subventionsdarlehen handelt.

[470] *Bitter*, Diss., S. 26; *Krüger* DVBl 1955, 520 f.; *Rinck*, a. a. O., S. 109.

[471] *Krüger* DVBl 1955, 519 spricht von „Zweckvertauschung" und „Zweckvermehrung"; vgl. auch *Ipsen*, Subv. S. 80 = DVBl 1956, 607; außerdem *Bitter*, Diss. S. 27 ff.

[472] *Ipsen*, Subv., S. 91 = DVBl 1956, 610; *Krüger* DVBl 1955, 456; *H. J. Wolff*, Lb., S. 272.

[473] *Arendt*, a. a. O., Erl. zu § 8 Abs. 5 GetrG; *Flessa* DVBl 1957, 83; *Henze*, a. a. O., S. 86; *Ipsen*, Subv., S. 83 f. = DVBl 1956, 608; *Rinck*, a. a. O., S. 109. Zu der Art und Weise dieser vertraglichen Niederlegung *Bitter*, Diss., S. 18 f.

eine Beeinträchtigung des rechtlichen Schutzes des Bürgers. Es wird daher die Ansicht vertreten, daß das „Vollzugsgeschäft" sich im Rahmen der durch den begründenden Verwaltungsakt festgesetzten Bedingungen und Auflagen halten müsse[474]. Die Verwirklichung dieser Forderung läßt sich allenfalls so vorstellen, daß die über den Verwaltungsakt hinausgehenden zivilrechtlich auferlegten Belastungen nach § 138 BGB nichtig sind. Dabei besteht jedoch die Gefahr, daß das gesamte Rechtsgeschäft gemäß § 139 BGB als nichtig anzusehen ist[475]. Solche Zweifelsfragen tauchen bei der rein öffentlich-rechtlichen Lösung gar nicht erst auf.

Wenn die Verwaltung den Vollzug der Auflagen erreichen will, so kann sie dies bei den gemischten Rechtsformen mit den Mitteln des Verwaltungsrechts tun. Sie kann sich aber auch der Mittel des Privatrechts bedienen, soweit die Auflagen im Privatrechtsgeschäft ihren Niederschlag gefunden haben. Ein gewichtiger Vorteil erwächst der Verwaltung aus dieser Zweispurigkeit nicht. Bei dem Widerruf des begünstigenden Verwaltungsaktes wegen Nichterfüllung einer Auflage ergibt sich im Gegenteil die Schwierigkeit, wie das Zivilrechtsgeschäft beendigt werden kann.

Krüger[476] stellt nun allerdings als Vorzug der Verankerung der Auflagen in privatrechtlicher Form den Umstand heraus, daß sich der einzelne bürgerlich-rechtlichen Bindungen durch einseitigen Verzicht auf die Gewährung der Verwaltung nicht entziehen könne, während er imstande sei, die Verwirklichung öffentlich-rechtlicher Auflagen durch einseitigen Verzicht auf die Wohltat zu vereiteln, da die Verbindlichkeit der Auflage an die Entgegennahme der Leistung der Verwaltung geknüpft sei. Da diese Leistung häufig nur das Mittel zur Durchführung der Pläne der Verwaltung mit Hilfe der dem gewährenden Verwaltungsakt beigegebenen Auflagen darstelle, könnten diese Pläne so durch den Verzicht des Bürgers durchkreuzt werden.

Krüger weist aber selbst einen Weg[477], um diese Behinderung der Verwaltung bei bloß öffentlich-rechtlich festgelegten Auflagen auszuschalten: Man müßte dem Hoheitsträger gegen den begünstigten Bürger einen Plangewährleistungsanspruch zuerkennen[478], der dem Bürger verwehrt, sich durch einseitigen Verzicht auf die Leistung der öffentlichen Hand den Verpflichtungen zu entziehen, die durch die Auflage begründet worden sind. Auf diese Weise kann man die Auflagen so gestalten, daß die Pläne der Verwaltung unter Beachtung des rechtlichen Schutzes für den Bürger

---

[474] *Henze*, a. a. O., S. 87, allerdings nicht eindeutig; *Kötter-Ziemer-Siara*, a. a. O., Anm. 2 A II und 2 B I zu § 29 IHG; *Rinck*, a. a. O., S. 110.

[475] Vgl. BGH (Urt. v. 30. 5. 1958) NJW 1958, 1772, Nr. 4.

[476] DVBl 1955, 454.

[477] DVBl 1955, 455.

[478] Das Korrelat dazu wäre ein Plangewährleistungsanspruch des Bürgers gegen den Hoheitsträger, der diesen verpflichtet, sich nicht aus einem gemeinschaftlichen Unternehmen mit dem Bürger zurückzuziehen (vgl. *Ipsen* VVDStRL 11, 129; *Krüger*, DVBl 1955, 382 Fußn. 10).

durchgesetzt werden können. Der zusätzlichen Verpflichtung des Bürgers mit Hilfe von Zivilrechtsgeschäften bedarf es nicht, wodurch die Komplizierung der Rechtsbeziehungen und die Möglichkeit, die Rechtsstellung des Bürgers zu beeinträchtigen, vermieden werden können, die bei gemischter Betrachtungsweise nicht zu umgehen wären.

5. Haftungsfragen

Bei den gemischten Konstruktionen tritt eine unterschiedliche Haftung für Pflichtverletzungen ein, je nachdem, ob es sich um die Verletzung öffentlich-rechtlicher oder bürgerlich-rechtlicher Pflichten handelt[479].

Der Hoheitsträger haftet dem Bürger gegenüber bei der Verletzung öffentlich-rechtlicher Pflichten nach § 839 BGB, Art. 34 GG[480]. Ob ein Beamter im staatsrechtlichen Sinne für den Hoheitsträger tätig geworden ist oder eine andere mit der Ausübung öffentlicher Gewalt betraute Person, ist ohne Belang, da im Recht der Amtshaftung der staatsrechtliche Beamtenbegriff nicht gilt[481]. Dies wurde durch den Wortlaut des Art. 34 GG noch ausdrücklich klargestellt. Im übrigen müssen die Voraussetzungen des § 839 BGB erfüllt sein[482]. Von Bedeutung sind dabei insbesondere die Subsidiaritätsklausel des § 839 Abs. 1 Satz 2 BGB und der Ausschluß der Haftung, wenn es der Betroffene unterlassen hat, den Schaden durch Gebrauch eines Rechtsbehelfes abzuwenden (§ 839 Abs. 3 BGB). Der Amtswalter selbst haftet bei öffentlich-rechtlichem Tätigwerden nicht.

Bei privatrechtlicher Tätigkeit kommt hingegen auch eine Eigenhaftung des Amtswalters in Frage; denn die Regelung der Haftung bestimmt sich selbst im Bereich des Verwaltungsprivatrechts allein nach privatrechtlichen Grundsätzen. Auf diesem Standpunkt steht jedenfalls die herrschende Meinung[483]. Die Ansicht, zumindest im Gebiet des Verwaltungsprivatrechts § 839 BGB in Verbindung mit Art. 34 GG zum Zuge kommen zu lassen, konnte sich bislang noch nicht durchsetzen[484]. Die Eigenhaftung eines Beamten im staatsrechtlichen Sinne bestimmt sich nach § 839 BGB. Angestellte und sonstige Amtswalter, die nicht Beamte im staatsrechtlichen Sinne sind, haften bei deliktischem Handeln nach den §§ 823 ff. BGB.

---

[479] *Soergel-Glaser*, a. a. O., Rdn. 47 zu § 839.

[480] Einen Fall der Amtshaftung wegen Verletzung hoheitlicher Pflichten bei der Gewährung eines Subventionsdarlehens hatte der BGH in seinem Urt. v. 5. 5. 1955 (NJW 1955, 1835) zu entscheiden.

[481] *H. J. Wolff*, Lb., S. 374.

[482] Vgl. dazu Beschl. des GSZ des BGH v. 12. 4. 1954 (BGHZ 13, 103 f.). Anschaulich *Rupp* NJW 1961, 811: Art. 34 GG ist an § 839 BGB „angeseilt".

[483] S. *H. J. Wolff*, Lb., S. 380.

[484] *Giese* befürwortete die Ausdehnung des Art. 34 GG auf privatrechtliches Handeln noch in der 3. Aufl. seines Kommentars, widerrief aber in der nächsten Aufl. (*Giese*, a. a. O., Anm. II 2 zu Art. 34 GG). Später trat *Flessa* wieder dafür ein (NJW 1958, 1276 und DÖV 1959, 107). Ablehnend dazu äußerte sich *Better-*

Bei Vertragsverletzungen tritt eine Eigenhaftung des Amtswalters allerdings nicht ein[485].

Der Hoheitsträger haftet für deliktisches Handeln seiner verfassungsmäßig berufenen Vertreter im zivilrechtlichen Bereich nach den §§ 823 ff., 89, 31 BGB. Fügen andere Amtswalter, die nicht Organstellung als verfassungsmäßig berufene Vertreter im Sinne des § 89 BGB innehaben, einem Dritten widerrechtlich einen Schaden zu, bestimmt sich die Haftung des Hoheitsträgers nach § 831 BGB. § 839 BGB kommt nach herrschender Meinung auch dann nicht für den Hoheitsträger bei privatrechtlichem Handeln in Betracht, wenn der Amtswalter selbst nach dieser Vorschrift haftet[486].

Bei Vertragsverletzung kann allein der Hoheitsträger als Vertragspartner ersatzpflichtig werden. Bei verfassungsmäßig berufenen Vertretern ergibt sich dies aus den §§ 89, 31 BGB in Verbindung mit dem jeweils in Frage kommenden vertraglichen Schadensersatzanspruch, bei anderen Amtswaltern aus § 278 BGB. Der Hoheitsträger ist allerdings in der Lage, seine Haftung durch einen vertraglichen Haftungsausschluß zu beschränken (§ 276 Abs. 2 BGB)[487].

Im privatrechtlichen Bereich kann auch der Staatsbürger wegen Vertragsverletzung nach den §§ 325, 326 BGB sowie aus positiver Forderungsverletzung haftbar gemacht werden[488].

Bei der rein öffentlich-rechtlichen Lösung hingegen tritt keine unterschiedliche Haftung des Hoheitsträgers ein. Er kann nur nach § 839 BGB, Art. 34 GG ersatzpflichtig gemacht werden. Diese Konstruktion weist neben ihrer Einfachheit vor allem noch den Vorzug auf, daß dem Bürger erhöhter rechtlicher Schutz eingeräumt ist. Ein Haftungsausschluß ist dem Hoheitsträger hierbei nämlich von vornherein verwehrt. Dem Staatsbürger kann ein solcher Ausschluß nicht aufgezwungen werden. Legt man die Zweistufenlehre zugrunde, dann könnte man die Unzulässigkeit eines zivilrechtlich vereinbarten Haftungsausschlusses höchstens über § 826 BGB erreichen[489]. Es ist aber fraglich, ob der Bürger damit in jedem Falle Erfolg haben wird.

Ein weiterer Vorteil der rein öffentlich-rechtlichen Betrachtungsweise ist, daß die Schwierigkeit vermieden wird, im Einzelfall eine Entscheidung

---

mann DVBl 1958, 867, dem Verf. in Diss., S. 108, Fußn. 8 noch zustimmte (vgl. aber jetzt NJW 1962, 2234). S. ferner *Hamann*, GG, Anm. B 3 zu Art. 34; *Rupp* NJW 1961, 812 Fußn. 18, die beide bei Erfüllung hoheitlicher Aufgaben in privatrechtlicher Form § 839 BGB, Art 34 GG anwenden wollen, nicht aber bei rein fiskalischer Tätigkeit eines Hoheitsträgers. Vgl. schließlich noch Beschl. des GSZ des BGH v. 19. 12. 1960, BGHZ 34, 99 (110) = NJW 1961, 658 m. Anm. *Helle* NJW 1961, 1157.

485 *H. J. Wolff*, Lb., S. 383.

486 *H. J. Wolff*, Lb., S. 384 f.

487 Zu allem *H. J. Wolff*, Lb., S. 383 ff.

488 Vgl. *Modest*, a. a. O., Anm. 32 zu § 8 GetrG.

489 Diesen Weg versucht *Modest*, a. a. O., Anm. 45 zu § 8 GetrG, zu gehen.

zu treffen, ob eine öffentlich-rechtliche oder eine privatrechtliche Pflicht verletzt ist[490].

Besonders nach der *Hamann*schen Theorie wäre es häufig sogar möglich, daß eine bürgerlich-rechtliche und eine öffentlich-rechtliche Haftung für dieselbe Pflichtverletzung in Betracht kämen. Auch dieses unbefriedigende Ergebnis fällt bei der rein öffentlich-rechtlichen Lösung weg.

Der Staatsbürger kann nach der öffentlich-rechtlichen Theorie nicht wie bei den gemischten Konstruktionen wegen Vertragsverletzung nach den §§ 325, 326 BGB oder nach den Grundsätzen der Haftung für positive Forderungsverletzung zur Schadensersatzleistung herangezogen werden. Hierfür besteht auch kein Bedürfnis[491]. Es reicht aus, daß der Bürger für sein Handeln nach den Vorschriften der §§ 823 ff. BGB verantwortlich gemacht werden kann (bei einem Betrug beispielsweise nach § 823 Abs. 2 BGB in Verbindung mit § 263 StGB).

6. Grundrechtsschutz

Untersucht man die praktischen Folgen der Anwendung unterschiedlicher Rechtsformen, dann ist dem Schutze der Grundrechte entscheidende Bedeutung beizumessen[492]. Nicht umsonst war bei der Wahl der einen oder der anderen Rechtsform der Rechtsschutz und insbesondere die Gewährleistung der Grundrechte ausschlaggebend[493], wie bereits in der Einleitung hervorgehoben wurde. Freilich könnte es sich bei näherer Betrachtung herausstellen, daß nach dem heutigen Stand der Meinungen die Rechtsform für den Grundrechtsschutz gar keine Rolle mehr spielt.

Gewährt die Verwaltung Subventionen, dann erfüllt sie öffentliche Aufgaben und ist dabei an die Grundrechte, insbesondere an den Gleichheitssatz, gebunden[494]. Verletzt die Verwaltung die Grundrechte durch den das Rechtsverhältnis begründenden Verwaltungsakt[495], so ergibt sich kein Unterschied zwischen der rein öffentlich-rechtlichen Theorie und den gemischten Konstruktionen. Der Verwaltungsakt ist in diesem Falle fehlerhaft. Die Fehlerhaftigkeit kann vor den Verwaltungsgerichten geltend gemacht werden.

Die gemischten Konstruktionen enthalten nun aber noch einen zivilrechtlichen Bestandteil. Es erhebt sich die Frage, inwieweit der Grund-

---

[490] Vgl. dazu BGH (Urt. v. 10. 1. 1963) NJW 1963, 644.

[491] In diesem Sinne *Dönhoff*, Beilage zum „Ernährungsdienst", für die „Übernahmeverträge". Vgl. hierzu auch Verf., Diss., S. 110 ff.

[492] Übereinstimmend *Ipsen* DVBl 1962, 137.

[493] Am klarsten kommt dies bei *Henze*, a. a. O., S. 54 ff. zum Ausdruck. S. ferner *Bullinger*, a. a. O., S. 100 f.

[494] *Hamann*, Rechtsstaat und Wirtschaftslenkung, S. 123 f., und BB 1951, 341; *Krüger* DVBl 1955, 452; *Neumann*, a. a. O., S. 90; *Reuß*, a. a. O., S. 16; BVerfG (Beschl. v. 12. 2. 1964) NJW 1964, 587; VGH Kassel (Urt. v. 29. 11. 1962) DVBl 1963, 443; VG Freiburg (Urt. v. 12. 1. 1960) BadWüVBl 1960, 172; VG Frankfurt/Main (Urt. v. 22. 4. 1960) BB 1960, 1040.

[495] Zur Verletzung des Gleichheitssatzes durch den Gesetzgeber bei der Gewährung von Subventionen *v. Münch*, ArchöffR Bd. 45 n. F., S. 270 ff.

rechtsschutz in diesem Bereich gewährleistet ist[496]. Auf das Problem der Drittgerichtetheit der Grundrechte[497] braucht hierbei nicht eingegangen zu werden, da die Subventionierung nicht ein Privatmann, sondern ein Hoheitsträger vornimmt. Ob ein Hoheitsträger bei rein fiskalischem Tätigwerden an die Grundrechte gebunden ist[498], kann hier ebenfalls dahingestellt bleiben. Nimmt man nämlich einen zivilrechtlichen Bestandteil des Subventionsverhältnisses an, so gehört er zum Bereich des sogenannten Verwaltungsprivatrechts, weil es sich um die Erfüllung öffentlicher Aufgaben in privatrechtlicher Form handelt[499]. Es unterliegt heute keinem Zweifel mehr, daß der Hoheitsträger im Bereich des Verwaltungsprivatrechts an die Grundrechte gebunden ist[500]. Lediglich über die Art der Durchsetzung des Grundrechtsschutzes herrscht Streit. Die einen wollen die Grundrechte mittelbar über die Generalklauseln des bürgerlichen Rechtes zum Zuge kommen lassen[501], die anderen unmittelbar ohne Zuhilfenahme von Rechtsinstituten des bürgerlichen Rechtes[502]. Ein wesentlicher sachlicher Unterschied zwischen beiden Wegen, den Grundrechtsschutz zu verwirklichen, ist nicht zu erkennen. Daher bedarf es hier keiner Lösung der Streitfrage. Das Entscheidende ist, daß die Grundrechte auch geschützt sind, wenn der Staat oder ein anderer Hoheitsträger seine Verwaltungsaufgaben in den Formen des Privatrechts erfüllt. Der Grundrechtsschutz kann somit nach dem heutigen Stand der Meinungen nicht mehr für oder gegen eine bestimmte Rechtsform ins Feld geführt werden.

---

[496] Vgl. *Maunz-Dürig*, a. a. O., Anm. 138 zu Art. 1 Abs. 3 GG.

[497] Für eine solche Drittgerichtetheit insbesondere *Nipperdey* RdA 1950, 124 f.; BAG 1, 191 (Urt. v. 3. 12. 1954), bestätigt durch Urt. v. 10. 5. 1957 (NJW 1957, 1688). Vgl. dazu neuerdings *Leisner*, a. a. O., insbes. S. 306 ff.

[498] So *Löw* DÖV 1957, 879 gegen *Dürig* ZGesStW Bd. 109 (1953) S. 341 und Grundrechte, S. 186. Eine zusammenfassende Darstellung des gegenwärtigen Standes der Meinungen findet sich bei *Stern* JZ 1962, 181 (unter Hinweis auf die Staatsrechtslehrertagung in Köln (VVDStRL 19 (1961) 165 ff.) mit den Referaten von *Mallmann* und *Zeidler*); s. ferner *Bullinger*, a. a. O., S. 99; *Evers* NJW 1960, 2073; *Koenigs* JuS 1962, 345.

[499] Vgl. *Ipsen*, Subv. S. 20 = DVBl 1956, 466; *Siebert*, F. S., S. 219 ff.; *H. J. Wolff*, Lb., S. 90. Kritisch zum Begriff „Verwaltungsprivatrecht" allerdings *Haas* DVBl 1960, 303 ff.; positiv hingegen *Mallmann* VVDStRL 19 (1961) S. 195. Weitere Fundstellen zur Unterscheidung der Bereiche des Verwaltungsprivatrechts und des „fiskalischen Privatrechts" bei *Rupp* NJW 1961, 812 Fußn. 18.

[500] *Dürig* ZGesStW Bd. 109 (1953) S. 341 und Grundrechte, S. 186; *Ipsen*, Subv. S. 19 f. = DVBl 1956, 465 f.; *Köttgen* DVBl 1953, 488; *Krüger* DVBl 1955, 384; *Leisner*, a. a. O., S. 206; *Schaumann* JuS 1961, 110 ff.; *Siebert*, F. S. S. 240; *Wertenbruch* JuS 1961, 105 ff.; *H. J. Wolff*, Lb., S. 90; BGH (Urt. v. 10. 12. 1958) BGHZ 29, 76 = NJW 1959, 431.

[501] So *Dürig* ZGesStW Bd. 109 (1953) S. 341 und Grundrechte S. 186; *Ipsen*, Aktionär und Sozialisierung, S. 32 f.; vgl. auch *Geiger*, a. a. O., S. 35; *Maunz-Dürig*, a. a. O., Rdn. 132 zu Art. 1 Abs. 3 GG und BVerfGE 7, 198 (Urt. v. 15. 1. 1958).

[502] So vor allem *Nipperdey* DVBl 1958, 447 und in der F. S. für *Molitor*, S. 26; ebenso BAG (Urt. v. 10. 5. 1957) NJW 1957, 1688.

7. Nachprüfung des Ermessens

Gelegentlich kann dem Staatsbürger durchaus einmal ein Recht auf Subventionierung eingeräumt sein. Dies ist dann der Fall, wenn die gesetzlichen Vorschriften die Pflicht zur Gewährung festlegen oder die Voraussetzungen dafür genau umreißen[503]. Häufiger aber ist die Leistung der Subvention in das Ermessen der Verwaltungsbehörde gestellt[504]. Das Ermessen kann dabei allerdings durch unbestimmte Rechtsbegriffe eingeengt sein[505]. Soweit die Subventionsverwaltung nach ihrem Ermessen handeln kann, steht dem Bürger nur ein Recht auf fehlerfreie Handhabung des Ermessens zu[506]. Hat sie freilich einmal die Subventionierung zugesagt, dann besteht in jedem Falle ein Anspruch auf Gewährung[507]. Sowohl bei den gemischten Konstruktionen als auch bei der rein öffentlich-rechtlichen Lösung der Streitfrage. Das Entscheidende ist, daß die Grundrechte auch Verwaltung das ihr eingeräumte Ermessen, die Subventionen zu vergeben, nicht fehlerhaft ausgeübt hat; denn nach beiden Gestaltungsformen stellt die Entscheidung über die Vergabe einer Subvention einen Verwaltungsakt dar.

---

[503] *Ipsen*, Subv. S. 76 f. = DVBl 1956, 607; *Rinck*, a. a. O., S. 106; *Stern* JZ 1960, 558; BVerwG (Urt. v. 23. 7. 1958) BVerwGE 7, 180 (185) = NJW 1958, 2129. Zw. *Henze*, a. a. O., S. 64, der selbst bei Kann-Bestimmungen einen Rechtsanspruch auf eine Subvention annimmt, wenn deren Voraussetzungen in den gesetzlichen Regelungen näher beschrieben sind.

[504] S. *Ehrenfort*, a. a. O., Erl. 3 zu § 24 des 2. WoBauG; *Schäfer-Teege*, a. a. O., S. 1; *Ule*, Staatszeitung für Rheinland-Pfalz 1954, Beilage 2.

[505] Dazu *Bachof*, Rechtsprechung, S. 67 und 229 ff.; *Ehlers* NJW 1956, 1380; kritisch zur Unterscheidung von Ermessen und unbestimmtem Rechtsbegriff *Ehmke*, a. a. O., insbes. S. 23 ff. Ausführliche Hinweise auf Literatur und Rechtsprechung zu diesem Problem finden sich bei *Ule*, VwGO, Anm. II und III zu § 114.

[506] BVerwG (Urt. v. 24. 2. und v. 16. 2. 1956) NJW 1956, 1170 Nr. 29 und 30; ferner Urt. v. 23. 7. 1958, BVerwGE 7, 180 = NJW 1958, 2129; OVG Berlin (Urt. v. 9. 11. 1954) JR 1955, 75. Klagebefugnis steht aber nur demjenigen zu, dem eine Subvention versagt wurde, nicht jedoch dem, dessen wirtschaftliche Interessen durch die Zubilligung einer Subvention an einen anderen berührt werden (*Ule*, Staatszeitung für Rheinland-Pfalz 1954, Beilage 2). Allgemein zur Begründung des Rechtes auf fehlerfreie Handhabung des Ermessens *Bachof*, SJZ 1948, Spalte 742; Verwaltungsgerichtliche Klage, S. 69; Rechtsprechung S. 65 f.; *Haueisen* DVBl 1952, 522 ff. und NJW 1954, 418; *Jellinek*, a. a. O., S. 211; BayVGH BayBgmstr. 1950, 284 (Urt. v. 1. 3. 1950); BayVGH DÖV 1952, 598 (Urt. v. 17. 1. 1952).

[507] So zutreffend *Matti*, a. a. O., S. 129; *Spahn*, a. a. O., S. 62 gegen *Dickmann* ZLA 1956, 1 ff. und *Zschacke* ZLA 1955, 145 ff. (147). Abzulehnen auch *Rauball* ZLA 1955, 215, der die Auszahlung des Darlehens durch die Amtskasse ablehnt, wenn die Bewilligung zwar erfolgte, der Begünstigte aber keine Bank finden kann, die den Kredit ausgibt. Ebensowenig kann *Scholz*, a. a. O., S. 163 f. gefolgt werden, der den Anspruch auf Gewährung deswegen verneint, weil die eingeschalteten Kreditinstitute den Bewerber noch unter den Gesichtspunkten der kaufmännischen Bonität und der Rentabilität des geplanten Vorhabens prüfen sollten.

Die Ermessensfreiheit der Verwaltungsbehörden im Bereich der Subventionsverwaltung ist jedoch nicht auf die Vergabeentscheidung beschränkt. Auch in dem Teil des Subventionsverhältnisses, den die Verfechter einer gemischten Rechtsform dem bürgerlichen Recht zuordnen wollen, kann die Verwaltung weitgehend nach ihrem Ermessen handeln (z. B. bei der Kündigung von Subventionsdarlehen, beim Erlaß der Rückzahlungspflicht, bei Versagung oder Gewährung einer Stundung usw.). Die Frage ist, inwieweit hier der Schutz des Staatsbürgers vor Ermessensfehlern gewährleistet ist. Soweit der Ermessensfehler zugleich einen Verstoß gegen den Gleichheitssatz bedeutet, liegt eine Grundrechtsverletzung vor, die auch bei zivilrechtlichem Handeln des Hoheitsträgers entweder mittelbar über die Generalklauseln des bürgerlichen Rechtes oder unmittelbar berücksichtigt werden kann. Nicht jeder Ermessensfehler stellt aber zugleich einen Verstoß gegen den Gleichheitssatz dar[508]. Davon kann nur dann gesprochen werden, wenn willkürliche Differenzierungen vorgenommen werden; denn das Wesen des Gleichheitssatzes besteht in einem Willkürverbot[509]. Eine Ermessensentscheidung verletzt daher den Gleichheitssatz nur dann, wenn sie gleichliegende Sachverhalte, die aus der Natur der Sache heraus und unter dem Gesichtspunkt der Gerechtigkeit eine gleichartige Behandlung erfordert hätten, ohne zureichenden sachlichen Grund und ohne ausreichende Orientierung an Sinn und Zweck der einschlägigen Rechtssätze ungleich behandelt[510]. Hierher zählt auch die Abweichung von bisheriger konstanter Praxis durch dieselbe Behörde ohne besonderen triftigen Grund[511]. Die Verwaltungsbehörde kann sich in der Ausübung ihres Ermessens durch dessen längere Zeit anhaltende, gleichmäßige Handhabung binden, allerdings nur insoweit, als nicht sachliche Gründe irgendwelcher Art eine anderartige Entscheidung gebieten[512].

Ermessensfehler, die nicht zugleich einen Verstoß gegen den Gleichheitssatz enthalten, liegen dann vor, wenn die Behörde die Grenzen ihres Ermessens überschreitet („Ermessensüberschreitung"), wenn die Entscheidung auf einem Rechtsirrtum beruht („Ermessensfehler aus Rechtsirrtum"), oder wenn der Entscheidung unzulässige Erwägungen zugrunde gelegt werden, die jedoch noch nicht als willkürlich ungleiche Behandlung be-

---

[508] Vgl. *Bachof*, Rechtsprechung, S. 228.

[509] *Bachof*, Rechtsprechung, S. 129; *Huber* Bd. II, S. 217; *Leibholz* DVBl 1951, 193; BVerfGE 9, 334 (337) (Beschl. v. 16. 6. 1959).

[510] BayVerfGH (Entsch. v. 15. 10. 1948) BayVGH n. F. Bd. 1 II, S. 66 und 79.

[511] *Ipsen* bei *Neumann-Nipperdey-Scheuner*, Die Grundrechte, S. 148; *Rinck*, a. a. O., S. 107; BVerwG (Urt. v. 28. 11. 1962) DÖV 1963, 387; VGH Kassel (Urt. v. 29. 11. 1962) DVBl 1963, 443; VG Freiburg (Urt. v. 12. 1. 1960) BadWüVBl 1960, 172.

[512] *Fachinger*, NJW 1949, 246; *H. J. Wolff*, Lb., S. 149 f.; BVerwG (Urt. v. 19. 12. 1958) NJW 1959, 1098 = DÖV 1959, 706; OVG Hamburg VRspr 2 (1950) Nr. 77, S. 344 (Urt. v. 13. 2. 1950); OVG Münster JZ 1951, 119 (Bescheid v. 17. 10. 1950) m. zust. Anm. *Bachof;* WüBadVGH VRspr 4 (1952) Nr. 115, S. 557 (Urt. v. 10. 8. 1951).

trachtet werden können[513]. Eine Ermessensüberschreitung ist auch dann gegeben, wenn die Behörde ein ihr zustehendes Ermessen nicht walten läßt[514], oder wenn sie den Grundsatz der Verhältnismäßigkeit zwischen Maßnahme und Erfolg verletzt[515]. Bei diesen Ermessensfehlern, die nicht zugleich einen Verstoß gegen den Gleichheitssatz verkörpern, kann dem Recht des Staatsbürgers auf fehlerfreie Ausübung des Ermessens in dem Bereich, den die gemischten Theorien dem Zivilrecht zuordnen, nicht Genüge getan werden.

Henze versucht, dem abzuhelfen, indem er privatrechtliche Abreden, die gegen den Grundsatz der Verhältnismäßigkeit verstoßen, als nicht getroffen ansieht. Andere Ermessensfehler sollen im Zivilrecht ebenso behandelt werden[516]. Er zeigt aber nicht auf, nach welcher zivilrechtlichen Norm die ermessensfehlerhaften Rechtsakte ungültig sein sollen.

Es würde zu weit führen, alle Fälle von Ermessensfehlern, die nicht zugleich den Gleichheitssatz verletzen, im Zivilrecht ebenso wie Grundrechtsverletzungen zu berücksichtigen[517]. Das Wesen des Privatrechts bedingt eine größere Freiheit der Rechtsgenossen. Wenn diese Freiheit im Gebiet des Verwaltungsprivatrechts zum Schutze der Grundrechte eingeschränkt wird, dann geschieht es aus verfassungsrechtlichen Gründen. Es geht nicht an, eine weitere Einschränkung aus allgemeinen verwaltungsrechtlichen Gründen, wie hier der Beachtung sämtlicher Ermessensfehler, vorzunehmen, da sonst das Verwaltungsprivatrecht immer mehr verwaltungsrechtliche Züge annähme. Von Privatrecht könnte praktisch kaum mehr gesprochen werden. Es entstünde so ein gesondertes Rechtsgebiet, das mit dem übrigen Privatrecht wenig mehr gemein hätte. Warum es dennoch nicht dem öffentlichen Recht angehören soll, wäre kaum verständlich.

Das bedeutet aber für den Staatsbürger bei den gemischten Rechtsformen eine gewichtige Einbuße an Rechtsschutz. Im zivilrechtlichen Bereich können Ermessensfehler nur nachgeprüft werden, wenn sie zugleich als Verstoß gegen den Gleichheitssatz zu werten sind. Das Recht des Staatsbürgers auf fehlerfreie Ausübung des Ermessens läßt sich so teilweise nicht durchsetzen. Nach der rein öffentlich-rechtlichen Theorie hingegen unterliegt das gesamte Rechtsverhältnis der verwaltungsgerichtlichen Nachprüfung auf Ermessensfehler.

Nach der *Hamann*schen Theorie, die ein Parallellaufen eines öffentlich-rechtlichen und eines privatrechtlichen Rechtsverhältnisses annimmt, können jedoch auch alle Handlungen des Hoheitsträgers im Rahmen des „Erfüllungsgeschäftes" der Kontrolle auf Ermessensfehler unterzogen

---

513 Einteilung nach *Fachinger* NJW 1949, 244 ff.

514 Dazu *Peters*, Lb., S. 12.

515 *H. J. Wolff*, Lb., S. 150. Von *Krauss*, a. a O, S 41 f, will den Grundsatz der Verhältnismäßigkeit des Mittels als selbständiges Grundrecht ansehen. Dem tritt *Galette* (DVBl 1956, 312 f.) zu Recht entgegen.

516 *Henze*, a. a. O., S. 113.

517 So aber *Forsthoff*, Lb., S. 88; LG Hamburg (Urteil v. 5. 2. 1960) DVBl 1960, 289 (290).

werden. Dem Staatsbürger ist damit freilich nicht gedient; denn die Ermessensfehler, die nicht gegen den Gleichheitssatz verstoßen, machen zwar den Rechtsakt öffentlich-rechtlich aufhebbar, beeinträchtigen jedoch seine zivilrechtliche Gültigkeit nicht. *Hamann* erachtet den zivilrechtlichen Bestandteil zwar als bloße „Form", die wesentlich vom öffentlichen Recht her bestimmt und gestaltet wird, gibt aber keinen Weg an, wie dies geschehen sollte. So wäre z. B. eine Kündigung aus Rechtsirrtum ermessensfehlerhaft und vor den Verwaltungsgerichten anfechtbar. Trotz ihrer Aufhebung durch das Verwaltungsgericht wäre sie privatrechtlich nach wie vor gültig. Eine vor dem ordentlichen Gericht durchgeführte Klage auf Rückzahlung der Darlehenssumme müßte Erfolg haben. Dies kann auf keinen Fall richtig sein.

8. Rechtswegfragen

In den Grenzgebieten zwischen öffentlichem und privatem Recht sind Fragen des Rechtsweges naturgemäß von sehr großer Bedeutung[518]. Nach §§ 13 GVG, 40 VwGO entscheidet die Rechtsnatur des geltend gemachten Anspruches darüber, ob der Rechtsweg zu den ordentlichen oder zu den Verwaltungsgerichten eingeschlagen werden muß, soweit das ordentliche Gericht nicht auf Grund ausdrücklicher gesetzlicher Zuweisung für öffentlich-rechtliche Streitigkeiten zuständig ist.

Hält man eine gemischte Rechtsform für richtig, dann sind Rechtsstreitigkeiten, die den begründenden Verwaltungsakt betreffen, vor den Verwaltungsgerichten auszutragen. In der Regel wird es sich um eine Verpflichtungsklage handeln[519]. Wird der Bürger durch eine Auflage belastet, käme auch eine Anfechtungsklage in Betracht. Die Voraussetzungen für eine verwaltungsgerichtliche Feststellungsklage werden im allgemeinen nicht gegeben sein[520].

Für Streitigkeiten, die sich aus der Abwicklung des Rechtsverhältnisses ergeben, sollen hingegen die ordentlichen Gerichte zuständig sein, da es sich um bürgerlich-rechtliche Streitigkeiten handle[521]. Nach *Hamann*[522] soll allerdings das ordentliche Gericht nur bei Streitigkeiten über die „Form" des Rechtsgeschäftes angegangen werden können. Was aber ist konkret unter der „Form des Rechtsgeschäftes" zu verstehen?

Nach der rein öffentlich-rechtlichen Theorie sind hingegen alle aus Subventionsverhältnissen entspringenden Rechtsstreitigkeiten vor den Verwaltungsgerichten auszufechten. Einzig die Streitigkeiten aus den zu

[518]) *Clasen* DÖV 1959, 282; *Merk* VVDStRL 11, 128; *Siebert,* F. S., S. 242. Vgl. auch *Spahn,* a. a. O., S. 83 ff.

[519] Vgl. *Mühl,* a. a. O., S. 171. Fehlerhaft *Scholz,* a. a. O., S.157, der bei Ablehnung eines Subventionsantrages die Anfechtungsklage zulassen will.

[520] Vgl. *Ehrenfort,* a. a. O., Erl. 2 zu § 102 des 2. WoBauG; *Ipsen,* Subv. S. 92 f = DVBl 1956, 611.

[521] *Siebert,* F. S., S. 238.

[522] BB 1953, 866.

Subventionierungszwecken mit dem Gläubiger des Subventionierten abgeschlossenen Bürgschafts- und Refinanzierungsverträgen gehören vor die ordentlichen Gerichte.

Man könnte nun einwenden, daß dieser Lösung zumindest bei den Subventionen im Bereich des Wohnungsbaues § 102 des 2. WoBauG entgegenstehe[523]. Diese Vorschrift scheint die sich aus den gemischten Theorien ergebende Folgerung zu bestätigen, daß für Streitigkeiten aus demselben Rechtsverhältnis teils die ordentlichen, teils die Verwaltungsgerichte zuständig sind. Der Gesetzgeber legte bei der Formulierung der Bestimmung offenbar die Zweistufenlehre zugrunde[524].

Die subjektiven Vorstellungen der am Gesetzgebungsverfahren beteiligten Organe oder einzelner ihrer Mitglieder sind aber bei der Auslegung nicht in erster Linie maßgeblich[525]. Zumindest aber lassen sich nach der „progressiven Rechtsfindungsmethode" fehlerhafte Bewertungen des Gesetzgebers bei der Auslegung korrigieren[526]. Hält man die rein öffentlichrechtliche Theorie für richtig, ist der Versuch zu machen, ob § 102 des 2. WoBauG nicht im Sinne dieser Theorie ausgelegt werden könnte.

Gegen Abs. 1 wäre vom Standpunkt der rein öffentlich-rechtlichen Theorie aus nichts einzuwenden. Soweit Abs. 2 den ordentlichen Rechtsweg für „Streitigkeiten über Ansprüche aus den auf Grund der Bewilligung öffentlicher Mittel geschlossenen Verträgen" eröffnet, kämen bei öffentlichrechtlicher Betrachtungsweise nur Refinanzierungs- und Bürgschaftsverträge in Betracht. Bürgschaften werden aber noch einmal besonders erwähnt, und Refinanzierungsdarlehen werden im Bereich des Wohnungsbaues nicht vergeben, so daß nur der Ausweg bleibt, die Festlegung der Zuständigkeit der ordentlichen Gerichte insoweit für gegenstandslos zu halten. Auch bürgerlich-rechtliche Streitigkeiten aus übernommenen Gewährleistungen lassen sich im Rahmen der öffentlich-rechtlichen Rechtsform nicht denken, so daß dieser Fall der beispielhaften Aufzählung des § 102 Abs. 2 Satz 2 des 2. WoBauG ebenfalls ins Leere stößt. Hingegen

---

[523] Vgl. *Bachof,* Diskussionsbeitrag, S. 201. § 102 des 2. WoBauG (BGBl 1956 I S. 550; lautet: Abs. 1: „Für öffentlich-rechtliche Streitigkeiten, die aus diesem Gesetz entstehen können, ist der Verwaltungsrechtsweg gegeben. Dies gilt insbesondere für Streitigkeiten, die sich ergeben aus Anträgen auf Bewilligung öffentlicher Mittel, auf Übernahme von Bürgschaften und Gewährleistungen und auf Zulassung eines Betreuungsunternehmens (§ 37 Abs. 2)." Abs. 2: „Für bürgerlich-rechtliche Streitigkeiten, die aus diesem Gesetz entstehen können, ist der ordentliche Rechtsweg gegeben; dies gilt insbesondere für Streitigkeiten über Ansprüche aus den auf Grund der Bewilligung öffentlicher Mittel geschlossenen Verträgen, aus übernommenen Bürgschaften und Gewährleistungen sowie für Streitigkeiten zwischen einem Bauherrn und einem Bewerber aus einer Verkaufsverpflichtung und für Streitigkeiten zwischen einem Bauherrn und einem Betreuungsunternehmen (§ 37 Abs. 3)."

[524] *Haarmann* DVBl 1956, 602.

[525] BVerfGE 1, 299 (312) = JZ 1952, 419 (Urt. v. 21. 5. 1952).

[526] *Bender* JZ 1957, 597 und 600 f.

sind auch nach der öffentlich-rechtlichen Theorie die Rechtsbeziehungen zwischen dem Gläubiger und dem sich verbürgenden Hoheitsträger privatrechtlich einzustufen, so daß § 102 Abs. 2 Satz 2 des 2. WoBauG in diesem Punkte zutrifft. Die im übrigen aufgezählten Angelegenheiten sind zweifelsfrei bürgerlich-rechtliche Streitigkeiten.

Diese Lösung der durch § 102 des 2. WoBauG aufgeworfenen Probleme ist zwar nicht sehr elegant, hat aber den Vorzug, eine klare und einfache Behandlung der Rechtswegfragen zu ermöglichen. Andernfalls müßte zumindest das Gebiet der Subventionierung des Wohnungsbaues ausgeklammert werden, wenn man nicht gar daraus die allgemeine Folgerung zu ziehen hätte, daß § 102 des 2. WoBauG zur Anwendung der gemischten Rechtsformen zwingt.

Die Folge wäre, daß für Klagen, die in engstem Zusammenhange stehen wie z. B. bei Subventionsdarlehen die Anfechtung eines Widerrufes des Bewilligungsbescheides und die Klage auf Rückzahlung des empfangenen Darlehens, zwei verschiedene Gerichte zuständig wären. Das widerspricht in hohem Maße den Grundsätzen der Prozeßwirtschaftlichkeit. Es ist niemand damit gedient, wenn man die Gewährung des Rechtsschutzes in zwei vor verschiedenen Gerichten nebeneinanderherlaufende Verfahren zerreißt[527]. Vielmehr beschwört das die Gefahr einander widersprechender Entscheidungen herauf[528]. So können nach der Zweistufenlehre Auflagen im Rahmen des begründenden Verwaltungsaktes, daneben aber auch in zivilrechtlicher Form festgelegt werden. Auf Grund dieser Zweispurigkeit steht dem Staatsbürger der Weg zu zwei verschiedenen Gerichten offen, um sich gegen unzulässige Auflagen zur Wehr zu setzen. Letzten Endes handelt es sich dabei um denselben Rechtsstreit, wenn auch prozessual zwei verschiedene Streitgegenstände vorliegen; denn im einen Fall wird die öffentlich-rechtliche Auflage angefochten, im anderen Fall auf Feststellung der Nichtigkeit der inhaltlich den öffentlich-rechtlichen Auflagen entsprechenden bürgerlich-rechtlichen Abreden geklagt. Auf diese Weise ist für die Einrede der Rechtshängigkeit kein Raum. Indes entspricht es einem Grundprinzip der Prozeßordnungen, durch die Regelung der Rechtshängigkeit zu verhindern, daß sich zwei Gerichte mit derselben Sache befassen. Zumindest teilweise Abhilfe durch eine Aussetzung nach § 148 ZPO ist nur möglich, wenn man der Ansicht beipflichtet, daß über die öffentlich-rechtlichen Auflagen hinausgehende zivilrechtliche Abreden

---

527 *Huber* DÖV 1956, 355; BVerwG (Urt. v. 7. 3. 1958) BVerwGE 6, 244 = NJW 1958, 1109 = DÖV 1958, 420 sowie BVerwG (Urt. v. 17. 10. 1958) NJW 1959, 212 für „Übernahmeverträge"; a. A. *Reuter*, a. a. O., S. 231 ff. S. auch *Ehrig* NJW 1959, 218. Das von diesem angestrebte Zusammenwachsen öffentlichen und privaten Rechts, mit dem er den aufgezeigten Nachteilen begegnen will, erweckt Bedenken, solange die unterschiedlichen Rechtswege nicht abgeschafft werden; denn das Zusammenwachsen führt dann gerade dazu, daß die Gewährung des Rechtsschutzes in verschiedene Verfahren zerrissen wird.

528 Bedenklich daher die vom BVerwG im Urt. v. 23. 1. 1962 für richtig gehaltene „Zweigleisigkeit" (BVerwGE 13, 307 [310]).

nichtig seien[529], da nur in diesem Falle die Entscheidung des Rechtsstreites von dem Bestehen oder Nichtbestehen eines Rechtsverhältnisses abhängt, das den Gegenstand eines anderen anhängigen Rechtsstreites bildet.

Spielt sich der Prozeß nur vor dem ordentlichen Gericht ab, muß der Staatsbürger den Nachteil in Kauf nehmen, daß der Richter im Wege der Inzidentfeststellung lediglich die Nichtigkeit, nicht aber die bloße Aufhebbarkeit des Verwaltungsaktes nachprüfen kann[530]. Eine Aussetzung bis zur Entscheidung des Verwaltungsgerichts nach § 148 ZPO ist nur möglich, wenn ein Rechtsstreit vor dem Verwaltungsgericht anhängig ist. Überdies steht die Aussetzung im Ermessen des Gerichtes[531].

Ist noch gar kein Prozeß im Gange, sieht sich der Staatsbürger zumindest nach der Zweistufenlehre vor der schwierigen Aufgabe, den einzuschlagenden Rechtsweg herauszufinden. Allerdings hat dieses Problem durch die Einführung der allgemeinen Verweisungsmöglichkeit (§§ 17 GVG, 41, 180 VwGO) viel an Gewicht verloren. Immerhin aber ist das Beschreiten des falschen Rechtsweges mit einer Verzögerung der Sache und u. U. auch mit Kosten für den Staatsbürger verbunden. Die Schwierigkeit, bei Anwendung der Zweistufenlehre den richtigen Rechtsweg zu finden, wird vor allem deutlich, wenn der Staatsbürger gegen eine unzulässige Kündigung bzw. einen unzulässigen Widerruf eines Subventionsdarlehens vorgehen will.

Nach *Ipsen*[532] soll entscheidend sein, in welcher Rechtsgestalt die Maßnahme der Subventionsverwaltung, die das Subventionsverhältnis beenden soll, dem Staatsbürger entgegentritt[533]. Im Falle der zivilrechtlich erklärten Kündigung soll der ordentliche Rechtsweg offenstehen. Wenn die Subventionsverwaltung gleichzeitig mit der Kündigung oder durch besonderen Akt die Beendigung des Subventionsverhältnisses hoheitlich verlautbart, dann könnte dem Staatsbürger auch Verwaltungsrechtsschutz im Wege der Anfechtungsklage zustehen. Indessen soll in jedem Falle für den Betroffenen die verwaltungsgerichtliche Klage auf Feststellung des Bestehens oder des Inhalts des öffentlich-rechtlichen Subventionsverhältnisses in Betracht kommen.

Wie kann aber ermittelt werden, wann eine Entscheidung der Subventionsverwaltung als zivilrechtliche Kündigung oder als öffentlich-rechtlicher Widerruf zu deuten ist? Die Benennung des Aktes durch die Verwaltung, sofern eine solche überhaupt erfolgt ist, kann nicht gut maßgeblich sein, sonst könnte diese durch bloße Namensgebung die

---

[529] S. oben S. 75.

[530] *Rosenberg*, a. a. O., S. 49 f.; *Siebert* DÖV 1959, 737.

[531] *Rosenberg*, a. a. O., S. 267. BGH (Urt. v. 11. 1. 1955) BGHZ 16, 124 = NJW 1955, 497 begründete eine Aussetzungspflicht bei Aufrechnung mit einer öffentlich-rechtlichen Gegenforderung vor dem ordentlichen Gericht wegen der Rechtskraftwirkung nach § 322 Abs. 2 ZPO. Eine solche Rechtskraftwirkung ist aber im vorliegenden Falle nicht gegeben.

[532] Subv., S. 93 f. = DVBl 1956, 611.

[533] Kritisch dazu *Flessa* DVBl 1960, 137.

Zuständigkeit des ihr gerade genehmen Gerichtes erzielen. Selbst wenn sie aber keine solche Absicht verfolgt, darf die Zulässigkeit eines bestimmten Rechtsweges nicht von einer derartigen Zufälligkeit abhängen. Ebensowenig gibt die Ableitung aus dem Bewilligungsbescheid[534] ein objektives Kriterium. Irgendein anderes Merkmal, das den Akt als Kündigung oder als Widerruf qualifizieren ließe, ist aber nicht ersichtlich. Die von *Ipsen* für zulässig erachtete Feststellungsklage nutzt dem Staatsbürger sehr wenig. Wenn der Hoheitsträger vor dem ordentlichen Gericht auf Rückzahlung des Subventionsdarlehens klagt, wie er es nach der Zweistufenlehre tun muß[535], und das dieses Verfahren abschließende Urteil vor Rechtskraft des Feststellungsurteils ergeht, dann kann der Bürger mit dem Feststellungsurteil überhaupt nichts anfangen. Selbst wenn aber das Feststellungsurteil vorher rechtskräftig werden sollte, erscheint es im Hinblick darauf, daß für das Urteil des ordentlichen Gerichtes das Bestehen oder Nichtbestehen des öffentlich-rechtlichen Subventionsverhältnisses nicht unmittelbar maßgeblich ist, sehr zweifelhaft, ob das ordentliche Gericht durch die Entscheidung irgendwie gebunden ist.

Nach *Hamann*[536] ist gegen die bürgerlich-rechtliche Kündigung des Subventionsdarlehens Feststellungsklage vor dem Verwaltungsgericht auf Unzulässigkeit der Kündigung möglich[537]. Die Zulässigkeit dieser Klage muß verneint werden, da es sich — selbst nach *Hamann* — nicht um eine öffentlich-rechtliche Streitigkeit handelt. Zudem erscheint fraglich, ob überhaupt ein Feststellungsinteresse besteht.

Setzt man sich jedoch über diese Bedenken hinweg, dann kann eine solche Feststellungsklage nur den Zweck haben, einer Klage des Hoheitsträgers auf Rückzahlung des Subventionsdarlehens vor dem ordentlichen Gericht entgegenzutreten. Daraus ergibt sich die unerfreuliche Situation, daß zwei Gerichtszweige mit praktisch derselben Sache befaßt werden.

Daher lehnt *Henze*[538] auch die Ansicht *Hamanns* ab. Er führt dabei aus, daß es nicht einzusehen sei, warum nicht auch vor den ordentlichen Gerichten die rechtsstaatlichen Bindungen des Subvenienten zur Geltung gebracht werden könnten. Dennoch läßt *Henze* bei der Kündigung durch ein Kreditinstitut die verwaltungsgerichtliche Feststellungsklage auf Unzulässigkeit der internen Zustimmung der Subventionsverwaltung zu[539], wobei er diese Zustimmung als privatrechtliches (!) Rechtsgeschäft auf-

---

[534] So *Flessa* DVBl 1960, 137 f.

[535] Anders bereits BVerwGE 13, 307 (Urt. v. 23. 1. 1962), ohne die Zweistufenlehre grundsätzlich abzulehnen.

[536] BB 1953, 866.

[537] Gegen jede Art von verwaltungsgerichtlicher Klage bei der Kündigung eines Subventionsdarlehens wendet sich demgegenüber OVG Münster (Urt. v. 19. 12. 1958) DVBl 1959, 665.

[538] A. a. O., S. 89.

[539] A. a. O., S. 95 f.

faßt[540]. Eine solche Klage muß schon deswegen scheitern, weil keine öffentlich-rechtliche Streitigkeit gegeben ist.

9. Vollstreckung

Die gemischten Rechtsformen zwingen die Subventionsverwaltung dazu, sich an die ordentlichen Gerichte zu wenden und dort einen Titel zu erstreiten, wenn sie gewährte Subventionen zurückfordern will[541]. Auflagen kann sie nur insoweit im Verwaltungszwangsverfahren durchsetzen, als sie hoheitlich verankert, d. h. also, soweit sie im begründenden Verwaltungsakt enthalten sind. Demgegenüber ermöglicht es die rein öffentlich-rechtliche Betrachtungsweise der Verwaltung, ihre Anordnungen auf schnellerem Wege durchzusetzen, als wenn sie dazu die Hilfe der Gerichte in Anspruch nehmen müßte. Sie kann ihre Geldforderungen selbst im Wege des Verwaltungszwanges beitreiben und dem Verwaltungsakt beigefügte Auflagen ebenfalls auf diese Weise durchsetzen[542]. Es kann hier dahingestellt bleiben, ob sich dies daraus ergibt, daß Verwaltungsakte ihre Vollstreckbarkeit in sich tragen[543], oder ob es erst der Verwaltungsvollstreckungsgesetze des Bundes und der Länder bedurfte, um den Behörden die Vollstreckungsgewalt zu eröffnen[544]. Jedenfalls bestehen heute überall die rechtlichen Grundlagen für eine Verwaltungsvollstreckung[545].

Der Rechtsschutz des Staatsbürgers wird durch die generelle Durchsetzbarkeit der Anordnungen der Subventionsverwaltung nicht geschmälert, da er sich vor den Verwaltungsgerichten gegen die Vollstreckungsmaßregeln zur Wehr setzen kann[546]. Allerdings wird er so in die Rolle des Klägers gedrängt, während er bei den gemischten Gestaltungsformen die bequemere Stellung des Beklagten innehat.

---

[540] *Henze*, a. a. O., S. 94.

[541] Zu einem Ausnahmefall auf Grund besonderer gesetzlicher Bestimmungen OVG Münster (Urt. v. 16. 9. 1959) DVBl 1960, 180. Der rein öffentlich-rechtlichen Auffassung nähert sich bereits das BVerwG in seinem Urt. v. 23. 1. 1962 (BVerwGE 13, 307), wo ein öffentlich-rechtlicher Rückforderungsanspruch angenommen wird, der dementsprechend auch im Wege des Verwaltungszwanges durchgesetzt werden kann. Bedenklich ist jedoch die dort für richtig gehaltene Zweigleisigkeit der Rückforderung. Die sich daraus ergebenden Schwierigkeiten macht das Urt. des VG Bremen v. 14. 12. 1962 (DÖV 1963, 847) deutlich. Vgl. auch OVG Rheinland-Pfalz (Urt. v. 19. 6. 1963) DÖV 1964, 207.

[542] *Matti*, a. a. O., S. 148, hebt dies auch für die Schweiz hervor.

[543] So *Haueisen* NJW 1956, 1457; BSG (Urt. v. 3. 7. 1956) NJW 1956, 1416; VGH Stuttgart (Urt. v. 5. 6.1952) VRspr. 5 (1953) Nr. 129, S. 602 f.

[544] So *Forsthoff*, Lb., S. 265; BayObLGSt 26, 59 (Urt. v. 12. 3. 1926); OVG Hamburg (Urt. v. 27. 6. 1951) MDR 1951, 634; BezVG Berlin (Urt. v. 16. 6. 1950) DÖV 1951, 49.

[545] Zur früheren Rechtslage in Bayern Verf., Diss., S. 125 f.

[546] *Haueisen* NJW 1956, 1459 f.

10. Die Einschaltung von Kreditinstituten bei der Vergabe von Subventionen

Die vom Staat geschaffenen und finanzierten juristischen Personen des Privatrechts, die selbständig die Förderung Privater betreiben, ohne daß der Hoheitsträger selbst eine Entscheidung über die Vergabe trifft, gewähren die Vergünstigungen in privatrechtlicher Rechtsform[547]. Im Rahmen einer Gegenüberstellung der praktischen Auswirkungen der öffentlich-rechtlichen und der gemischten Rechtsformen sind diese Förderungsmaßnahmen daher auszuklammern.

Im übrigen können Kreditinstitute[548] bei Förderungsmaßnahmen der öffentlichen Hand auf zweierlei Weise eingeschaltet sein: Einmal kann eine Privatbank einem Bürger im eigenen Namen und auf eigene Rechnung Kredit gewähren, wobei ein Hoheitsträger der Bank im Wege der Refinanzierung die Hingabe des Darlehens erleichtert oder sich zur Absicherung des Kredites verbürgt oder zu seiner Verbilligung Zinszuschüsse zahlt[548a]. Ein Subventionsverhältnis besteht hier nur zwischen dem Hoheitsträger und dem Empfänger des Darlehens der Bank (Refinanzierungszusage, Bürgschaftsleistung oder verlorener Zuschuß). Zum anderen können Kreditinstitute so eingeschaltet sein, daß sie auf Grund einer entsprechenden Bewilligung der Subventionsverwaltung mit dem Gläubiger des Subventionsempfängers einen Bürgschaftsvertrag schließen oder ein Subventionsdarlehen ausgeben und verwalten. Sie handeln dabei entweder als Treuhänder oder als Bevollmächtigte des Hoheitsträgers[549]. Die zuletzt genannte Art der Einschaltung von Kreditinstituten kommt häufig vor[550].

Als typische Beispiele für die Vergabe von Subventionen über Kreditinstitute als Treuhänder oder als Bevollmächtigte des subventionierenden Hoheitsträgers seien die Eingliederungsdarlehen nach dem Lastenausgleichsgesetz und die sogenannte „Export-Kredit-Versicherung“ genannt. Die Eingliederungsdarlehen nach dem LAG stellen Subventionen dar, weil die öffentliche Hand den Vertriebenen zum Aufbau einer neuen Existenz, also im öffentlichen Interesse, eine finanzielle Unterstützung gewährt. Die Darlehen werden in der Weise ausgereicht, daß die Lastenausgleichsbehörde in einem förmlichen Verfahren dem Antragsteller die Gewährung des Eingliederungsdarlehens durch Bescheid bewilligt[551], während die Auszahlung und Verwaltung des Darlehens einem Kreditinstitut über-

---

[547] S. oben S. 58.

[548] Die Ausdrücke „Kreditinstitute“ und „Banken“ werden hier im weitesten Sinne gebraucht. Es sind alle Anstalten gemeint, die finanzielle Geschäfte und Transaktionen durchführen. Zum Begriff der „Hausbank“ *Menzel,* a. a. O., S. 23 ff.

[548a] Nach *Menzel,* a. a. O., S. 30, „weitergeleiteter Kredit“.

[549] *Flessa* DVBl 1957, 118. *Menzel* unterscheidet dementsprechend zwischen „durchlaufenden“ (a. a. O., S. 29) und „Verwaltungskrediten“ (a. a. O., S. 27).

[550] *Schüle* VVDStRL 11, 97.

[551] § 345 LAG.

tragen ist[552]. Das Kreditinstitut wird dabei ausdrücklich als Treuhänder der Bundesrepublik Deutschland (Ausgleichsfonds) bezeichnet.

Die staatliche Ausfuhrförderung erfolgt ebenfalls im öffentlichen Interesse, nämlich um die lebenswichtige Ausfuhr nicht an Risiken scheitern zu lassen, die der einzelne Exporteur nicht zu tragen imstande ist. Die Ausfuhrförderung wird in Deutschland herkömmlicherweise als Export-Kredit-Versicherung bezeichnet, obwohl es sich nicht um eine Versicherung des Ausfuhrgeschäftes gegen Prämienzahlung handelt, sondern um eine Gewährleistung[553] des Staates[554]. Er läßt dem einzelnen auf diese Weise eine finanzielle Unterstützung zukommen, so daß eine Subvention vorliegt. Über die Vergabe dieser Subvention entscheidet ein sogenannter Interministerieller Ausschuß des Bundes[555]. Den Abschluß des angeblichen „Kreditversicherungsvertrages" tätigen die „Hermes-Kreditversicherungs AG", Hamburg, und die „Deutsche Revisions- und Treuhand AG", Frankfurt am Main, als Mandatare, also im Namen des Bundes[556].

Während die Einschaltung der Kreditinstitute als mittelbare oder unmittelbare Stellvertreter des Hoheitsträgers den gemischten Theorien vom Standpunkt der juristischen Konstruktion aus wenig Schwierigkeiten bereitet, verhält es sich bei rein öffentlich-rechtlicher Betrachtungsweise anders[557]. Im Rahmen der gemischten Rechtsform führen die eingeschalteten Banken den privatrechtlichen Teil des Rechtsverhältnisses aus[558]. *Henze*[559] meint, daß gerade die Einschaltung von Kreditinstituten bei Subventionsdarlehen die Richtigkeit der Zweistufenlehre beweise: Die Zulassung des Kredites durch positive Entscheidung der Verwaltungsbehörde bewege sich im öffentlichen Recht, daran schließe sich — deutlich abgehoben — die privatrechtliche Ausführung des Vollzugsgeschäftes durch das Kreditinstitut an.

---

[552] Bestimmungen des Hauptamtes für Soforthilfe v. 21. 11. 1952 (Mtbl HfS 1952, 141) und des Bundesausgleichsamtes v. 14. 2. 1953 (MtBl BAA 1953, 50). Zu der Regelung im einzelnen *Schaefer-Teege*, a. a. O.; *Scholz*, a. a. O., S. 83; *Spahn*, a. a. O., insbes. S. 13 ff.; BGH (Urt. v. 19. 9. 1957) BGHZ 25, 211 (214) = NJW 1957, 1759.

[553] Die Bezeichnung teils als „Bürgschafts-", teils als „Garantieverträge" ist historisch zu erklären und besagt lediglich, daß im einen Falle ein Geschäft mit einem privaten ausländischen Abnehmer abgesichert wird, im anderen Falle Staatsaufträge (*Reuter*, a. a. O., S. 167 und 178; *Schallehn*, a. a. O., Nr. II, S. 1).

[554] *Reuter*, a. a. O., S. 168 ff.; vgl. auch *Osterwalder*, a. a. O., S. 8.

[555] *Reuter*, a. a. O., S. 202.

[556] *Reuter*, a. a. O., S. 154 und 209; *Schallehn*, a. a. O., Nr. I, S. 2.

[557] Wenn *Hamann* (BB 1953, 866); *Ipsen* (Subv., S. 52 = DVBl 1956, 503) und *Scholz*, a. a. O., S. 154, allerdings auch nach der Zweistufenlehre die eingeschalteten Privatbanken als beliehene Unternehmer ansehen, gelten die bei der öffentlich-rechtlichen Theorie auftauchenden Bedenken ebenso gegen die zweistufige Rechtsform.

[558] *Schüle* VVDStRL 11, 98.

[559] A. a. O., S. 83.

Schließt man sich hingegen der öffentlich-rechtlichen Auffassung an, dann sind die Kreditinstitute in den einheitlich als öffentlich-rechtlich zu betrachtenden Vorgang einbezogen. *Henze*[560] erhebt dagegen den Einwand, der Beachtung verdient, daß die Kreditinstitute in diesem Falle als beliehene Unternehmer anzusehen seien, für die Beleihung fehle aber die gesetzliche Grundlage.

Beliehene Unternehmer sind Rechtssubjekte des Privatrechts, denen im Zusammenhang mit ihrer unternehmerischen Wirtschaftstätigkeit bestimmte Aufgaben und Befugnisse der öffentlichen Verwaltung im Wege der Delegation zugewiesen sind[561]. Für jede derartige Beleihung einer Privatperson mit Hoheitsgewalt fordert *Huber*[562] eine gesetzliche Ermächtigung.

Aus der Begriffsbestimmung folgt zunächst, daß die Einschaltung der Kreditinstitute als mittelbare oder unmittelbare Stellvertreter dann keinen Bedenken begegnet, wenn sie in Form einer juristischen Person des öffentlichen Rechtes am Rechtsverkehr teilnehmen, der nach allgemeiner Ansicht hoheitliche Aufgaben auch ohne formelles Gesetz durch Verwaltungsvorschrift übertragen werden können[563]. Stellt das dazwischengeschaltete Kreditinstitut eine Person des Privatrechts dar, ist *Henze* zuzustimmen, daß sie im Rahmen der öffentlich-rechtlichen Rechtsform als beliehener Unternehmer anzusehen ist, weil sie bei der Erledigung hoheitlicher Aufgaben mitwirkt. Die dazu erforderlichen Befugnisse sind im allgemeinen der öffentlichen Verwaltung vorbehalten. Soll ausnahmsweise einmal eine Privatperson mit ihrer Ausübung betraut werden, gebietet es in der Tat der Grundsatz der Gesetzmäßigkeit der Verwaltung, daß dafür eine gesetzliche Grundlage vorhanden ist[564]. Die Delegation von Hoheitsbefugnissen auf Privatpersonen ist ein außergewöhnlicher Vorgang und muß als solcher für den Staatsbürger immer erkennbar sein. Das bedingt die Beleihung durch förmliches Gesetz.

---

[560] A. a. O., S. 91 f.

[561] *Huber*, Bd. I, S. 533.

[562] A. a. O., S. 537 f.

[563] S. *Schüle* VVDStRl 11, 98. Als Beispiel für ein Kreditinstitut mit öffentlich-rechtlicher Rechtsform sei die Kreditanstalt für Wiederaufbau erwähnt (§ 1 des G v. 5. 11. 1948, in der Fassung v. 22. 1. 1952 [BGBl I S. 68]). Zu deren rechtlicher Stellung *Henze*, a. a. O., S. 62; *Reuter*, a. a. O., S. 357 ff. Bei *Henze* ist nicht klar erkennbar, ob er die Kreditanstalt als beliehenen Unternehmer ansieht. Auf jeden Fall betrachtet er (a. a. O., S. 61) die Industriekreditbank-Sondervermögen Investitionshilfe im Anschluß an *Huber* (Bd. II S. 236) als beliehenen Unternehmer. Die Annahme einer juristischen Person des Privatrechts kann hier zweifelhaft sein (a. A. *Ipsen* ArchöffR Bd. 39 n. F. [1952/53] S. 287; *Kötter—Ziemer—Siara*, a. a. O., Anm 2 zu § 23 IHG). Zumindest liegt eine gesetzliche Ermächtigung zur Ausübung von Hoheitsgewalt vor (§ 29 IHG).

[564] Vgl. *Spanner* DÖV 1957, 640. Abzulehnen daher *Scholz*, a. a. O., S. 155, der glaubt, dieses Erfordernis aus Gründen des Rechtsschutzes (!) beiseite schieben zu müssen.

Anders ist jedoch die Beleihung einer Privatperson mit schlichtverwaltenden Aufgaben zu beurteilen. Dann tritt sie nämlich dem Staatsbürger nicht als Träger hoheitlicher Gewalt gegenüber; sie entfaltet vielmehr nur eine Art Hilfstätigkeit für die öffentliche Verwaltung ohne Anordnungs- und Entscheidungsbefugnis[565]. Es wäre eine Überspitzung des Rechtsstaatsgedankens, auch hierfür in jedem Falle eine gesetzliche Ermächtigung zu verlangen[566]. Es genügt insoweit die gewohnheitsrechtliche Befugnis der Verwaltung zur Handhabung der Organisationsgewalt[567].

Für die Einschaltung von privaten Kreditinstituten als mittelbare oder unmittelbare Stellvertreter heißt dies, daß bei rein öffentlich-rechtlicher Gestaltung ein Kreditinstitut nicht mit Hoheitsbefugnissen beliehen werden kann, sofern sich dafür nicht eine gesetzliche Ermächtigung finden läßt[568], während ihm schlichtverwaltende Tätigkeit durchaus übertragen werden kann. Eine selbständige Entscheidungsbefugnis über Anträge auf Subventionierung darf den durch Verwaltungsanordnungen eingeschalteten Privatbanken demnach nicht eingeräumt werden. Ferner kann eine Privatbank von sich aus weder eine Kündigung aussprechen noch Stundung gewähren. Dies muß vielmehr die Subventionsverwaltung tun. Hingegen kann die Bank Zinsen berechnen, die Darlehenssumme auszahlen, Einzahlungen entgegennehmen, ein Konto führen, die Sicherheiten hereinnehmen[568a], das Geschäftsgebaren des Darlehensnehmers überwachen und dergleichen mehr. Sie kann weiterhin für den subventionierenden Hoheitsträger den Bürgschaftsvertrag mit dem Gläubiger des Begünstigten schließen, da der Vertragsschluß auch nach der öffentlich-rechtlichen Theorie dem bürgerlichen Recht angehört. Unbedenklich ist es schließlich auch, wenn die Bank der Bote der Subventionsverwaltung ist und deren Entscheidungen und Anordnungen dem Subventionsempfänger übermittelt. Das Kreditinstitut kann dabei sogar im eigenen Namen auftreten, es kann nominell Inhaber des Anspruches auf Rückzahlung eines Subventionsdarlehens sein, das Wesentliche ist nur, daß die maßgeblichen Entscheidungen von der Subventionsverwaltung gefällt werden. Natürlich muß die Verwaltung und nicht das Kreditinstitut, selbst wenn es im eigenen Namen die Subvention ausgibt, die gefällten Entscheidungen in einem etwaigen Rechtsstreit vertreten. Ebenso muß die Verwaltung den Rückzahlungsanspruch bei einem Subventionsdarlehen durchsetzen, da

---

[565] *Huber,* Bd. I, S. 539; *Reuß,* a.a.O. ,S. 52. *Spahn,* a.a.O., S. 18 verwendet den Begriff „schlichtverwaltende Tätigkeit" in der Bedeutung „gestaltende Verwaltungstätigkeit". Dem soll hier nicht gefolgt werden (zur Begründung *Mallmann* VVDStRL 19 [1961] S. 168 ff.).

[566] Übereinstimmend *Ipsen,* Konstruktionsfragen, S. 614.

[567] Vgl. *Spanner* DÖV 1957, 642.

[568] Weitergehend *Spahn,* a. a. O., S. 19.

[568a] Dazu *Menzel,* a.a.O., S. 30.

die eingeschaltete Privatperson nicht den Verwaltungszwang ausüben darf[569].

Auf diese Weise ist es möglich, die Einschaltung der Kreditinstitute auch bei der öffentlich-rechtlichen Rechtsform zu ermöglichen, ohne rechtsstaatliche Grundsätze zu verletzen. Daß die Banken über die Anträge auf Subventionierung nicht entscheiden dürfen und auch keine Kündigung oder Stundung aussprechen können, fällt nicht entscheidend ins Gewicht, da die Entscheidung über Subventionsanträge — soweit ersichtlich — bisher stets der Subventionsverwaltung vorbehalten war. Kündigungs- und Stundungsbefugnisse standen den Kreditanstalten nur in sehr beschränktem Umfange zu[570]. Der eigentliche Vorteil der Einschaltung von Kreditinstituten bleibt auch bei öffentlich-rechtlicher Rechtsform erhalten: Die Erfahrung der Banken in wirtschaftlichen Dingen und die unbürokratische Behandlung der Subventionsvergabe werden der öffentlichen Verwaltung nutzbar gemacht[571].

Sind Kreditinstitute nicht als mittelbare oder unmittelbare Stellvertreter bei der Vergabe von Subventionen eingeschaltet, sondern als Kreditgeber im eigenen Namen und auf eigene Rechnung, wobei die öffentliche Hand im Wege der Refinanzierung die Hingabe des Darlehens erleichtert oder sich zur Absicherung des Kredites verbürgt oder zu seiner Verbilligung Zinszuschüsse bezahlt, dann soll nach *Eyermann-Fröhler*[572] im Interesse des Rechtsschutzes für den Bürger die eingeschaltete Bank als beliehener Unternehmer anzusehen sein. Das Rechtsverhältnis Bank—Bürger soll sowohl dem öffentlichen als auch dem privaten Recht angehören, um dem Bürger mangels unmittelbarer Rechtsbeziehungen zum Hoheitsträger die Möglichkeit zu verschaffen, die öffentlich-rechtlichen Bindungen des Hoheitsträgers bei der Vergabe von Subventionen durchzusetzen.

In diesem Falle wäre die eingeschaltete Privatbank beliehener Unternehmer und als solcher nicht auf schlichtverwaltende Tätigkeit beschränkt, da sie selbständig über Kreditanträge entscheidet. Eine gesetzliche Grundlage läßt sich dafür in aller Regel nicht finden. Sollte dieser Verstoß gegen rechtsstaatliche Grundsätze wirklich im Interesse des Rechtsschutzes für den Bürger in Kauf genommen werden, zumal er mit dem von *Eyermann-Fröhler*[573] sonst auch abgelehnten Gemisch von öffentlichem und privatem Recht in demselben Rechtsverhältnis verknüpft wäre?

---

[569] Vgl. BVerwGE 13, 307 (Urt. v. 23. 1. 1961).

[570] So können sie bei Eingliederungsdarlehen aus Lastenausgleichsmitteln nach den Verwaltungsanordnungen (s. oben S. 90) nur mit Zustimmung der Ausgleichsbehörden kündigen; Stundungen können sie nicht über einen Zeitraum von drei Monaten hinaus gewähren.

[571] *Henze*, a.a.O., S. 34; *Menzel*, a.a.O., S. 75; *Schüle* VVDStRL 11, 97; *Spahn*, a.a.O., S. 19.

[572] A. a. O., Rdn. 47 zu § 40.

[573] A. a. O., Rdn. 46 zu § 40.

Das ist nicht nötig, wenn man unmittelbare Rechtsbeziehungen des Bürgers zum subventionierenden Hoheitsträgers annimmt, deren Fehlen *Eyermann-Fröhler* zu der Konstruktion angeregt haben. Im Rahmen dieses (öffentlich-rechtlichen) Rechtsverhältnisses könnten die öffentlich-rechtlichen Bindungen des Hoheitsträgers zu Geltung gebracht werden. Verweigert die Privatbank einem Bürger zu Unrecht den Kredit, dann ist es Aufgabe des Hoheitsträgers, die Bank zur Hingabe des Darlehens anzuhalten. Das Mittel dazu ist das mit der Bank bestehende Rechtsverhältnis; der Hoheitsträger muß darin entsprechende Abreden mit der Bank treffen. Hat er das unterlassen und kann er es auch nachträglich nicht mehr erreichen, muß er selbst einspringen[574]. Kommt er seiner Aufgabe nicht nach, kann ihn der Bürger auf öffentlich-rechtlichem Wege dazu zwingen, andernfalls kann er Schadensersatz beanspruchen. Diese Konstruktion erfordert keinen Verstoß gegen rechtsstaatliche Grundsätze, weil die den Kredit vergebende Bank nicht als beliehener Unternehmer angesehen werden muß. Ebenso werden die Nachteile eines aus öffentlichem und privatem Recht gemischten Rechtsverhältnisses vermieden. Die Schwierigkeit der Konstruktion liegt lediglich darin, daß der Hoheitsträger häufig dem Bürger gegenüber gar nicht in Aktion tritt. An dieser Schwierigkeit sollte jedoch die Konstruktion nicht scheitern. Der Bürger kann die öffentlich-rechtlichen Beziehungen zum subventionierenden Hoheitsträger jederzeit durch einen Antrag auf Bürgschaftsleistung, Refinanzierung oder Gewährung von Zinszuschüssen anknüpfen. Der erste Schritt kann auch vom Hoheitsträger ausgehen. Hierfür genügt eine Aufnahme rechtlicher Beziehungen durch konkludente Handlung, etwa durch Abschluß eines Bürgschaftsvertrages des Hoheitsträgers mit dem Kreditgeber des Begünstigten[575].

Der Vorzug der öffentlich-rechtlichen Rechtsform einer klaren und einfachen rechtlichen Konstruktion kann also selbst bei der Einschaltung von Banken aufrechterhalten werden, die von sich aus Kredit gewähren, den ein Hoheitsträger seinerseits zu Subventionszwecken absichert. Am Beispiel der Refinanzierungskredite aus dem ERP-Sondervermögen zugunsten Vertriebener sei dies veranschaulicht. Der Bürger bekommt von seiner Hausbank einen Kredit gewährt, die dafür von der Lastenausgleichsbank ein Refinanzierungsdarlehen erhält. Für das Kreditrisiko muß zu 60 % das zuständige Bundesland eine Bürgschaft übernehmen, während die Lastenausgleichsbank eine 30%ige Entlastungszusage erteilt. 10 % des Risikos trägt die Hausbank[576].

Nach der öffentlich-rechtlichen Theorie ergeben sich folgende Rechtsverhältnisse: Da die Hausbank im eigenen Namen und auf eigene Rechnung Kredit gewährt, ist ihr Verhältnis zum Bürger ausschließlich privatrechtlich einzustufen. Das Refinanzierungsdarlehen der Lastenaus-

---

574 Abzulehnen daher *Rauball* ZLA 1956, 215 ff.

575 So zutreffend *Henze*, a. a. O., S. 60.

576 S. *Flessa* DVBl 1957, 119.

gleichsbank und der Bürgschaftsvertrag zwischen Bundesland und Hausbank gehören ebenfalls dem bürgerlichen Recht an, weil die Hausbank nicht als Subventionsempfängerin auftritt und so dem Bundesland bzw. der Lastenausgleichsbank auf dem Boden der Gleichordnung gegenübersteht. Zwischen der Lastenausgleichsbank und dem Bürger besteht lediglich ein öffentlich-rechtliches Verhältnis. Das Gleiche gilt für die Rechtsbeziehungen des Bürgers zum Bundesland. In einer Skizze stellt sich das folgendermaßen dar:

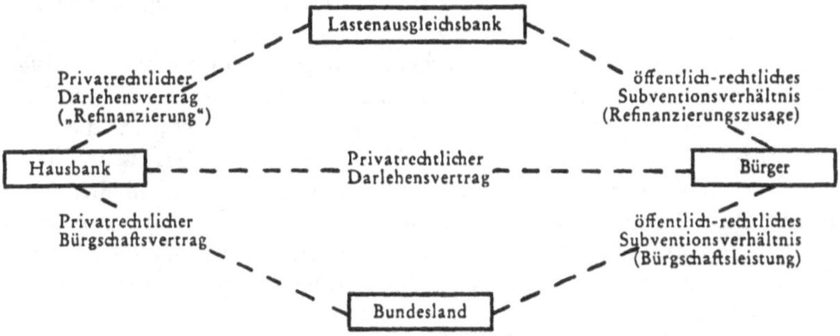

Nach *Eyermann-Fröhler* hingegen kämen ein öffentlich-rechtliches Verhältnis zwischen Hausbank und Bürger sowie ein öffentlich-rechtliches Verhältnis der Lastenausgleichsbank zur Hausbank hinzu.

Nach der Zweistufenlehre schließlich bestünden zwischen der Lastenausgleichsbank und dem Bürger sowie zwischen dem Bundesland und dem Bürger noch zusätzlich sogenannte „Direktverträge" privatrechtlichen Charakters, in denen der Bürger Verpflichtungen übernimmt, die sein Kreditverhältnis zur Hausbank nicht belasten sollen[577]. *Flessa*[578] erwägt außerdem noch öffentlich-rechtliche Subventionsverhältnisse Bundesland/Hausbank und Lastenausgleichsbank/Hausbank. Alle diese Komplikationen entfallen bei der öffentlich-rechtlichen Theorie.

---

577 *Flessa* DVBl 1957, 119.
578 *Ebenda.*

KAPITEL IX

Zusammenfassung

Die Untersuchung hat gezeigt, daß nach der Systematik des deutschen Rechtes für das Subventionsverhältnis zwischen dem Hoheitsträger und dem Bürger in der Regel eine rein öffentlich-rechtliche Rechtsform am Platze ist. Gewöhnlich handelt es sich um Leistungsverhältnisse auf Grund Verwaltungsaktes und nur in Ausnahmefällen um öffentlich-rechtliche Verträge. Dieses Ergebnis wird durch die praktischen Vorzüge der öffentlich-rechtlichen Konstruktion untermauert.

Die Nachteile der aus öffentlichem und privatem Recht gemischten Rechtsformen waren nur so lange in Kauf zu nehmen, als die öffentlich-rechtliche Rechtsform noch nicht ausgereift genug erschien, um die Subventionsverhältnisse in angemessener Weise juristisch zu erfassen. Wie in der Untersuchung im einzelnen dargelegt, kann dieses Bedenken aber heute nicht mehr geltend gemacht werden, so daß es an der Zeit ist, die sowieso nur als Zwischenlösung gedachte Hilfskonstruktion der gemischten Rechtsformen über Bord zu werfen und die Subventionen rein öffentlich-rechtlich zu betrachten.

Es ist allerdings nicht völlig ausgeschlossen, daß sich der Hoheitsträger im Einzelfall einmal einer rein privatrechtlichen Rechtsform bedient. Es müssen dann aber schon ganz besondere Umstände vorliegen, wie z. B. die selbständige Vergabe von Förderungsmitteln durch vom Staat geschaffene juristische Personen des Privatrechts. Im übrigen können Privatpersonen auf zweierlei Weise in die Subventionsvergabe eingeschaltet sein: Einmal können sie als mittelbare oder unmittelbare Stellvertreter des Hoheitsträgers auftreten, freilich nur im Rahmen der schlichtverwaltenden Tätigkeit. Zum anderen können sie im eigenen Namen und auf eigene Rechnung einem Bürger Kredit gewähren, wobei der Hoheitsträger den Kredit durch eine Bürgschaft, durch ein Refinanzierungsdarlehen oder durch Zinszuschüsse absichert. In diesen Fällen ist das Rechtsverhältnis zwischen dem Hoheitsträger und dem begünstigten Bürger öffentlich-rechtlich, nämlich als Subventionsverhältnis zu beurteilen, während die Rechtsverhältnisse der kreditgebenden Privatperson zum Hoheitsträger und zum Staatsbürger bürgerlich-rechtlich einzustufen sind.

FSC
www.fsc.org
MIX
Papier | Fördert gute Waldnutzung
FSC® C083411

Kolibri 360 GmbH
Ferdinand-Jühlke-Straße 7
99095 Erfurt, Deutschland
produktsicherheit@kolibri360.de